러닝 포트폴리오의 이해와 실제

| 조용개 · 이은화 공저 |

학지사

머리말

각 대학별로 학습역량과 취업역량을 높이기 위해 각종 프로그램을 개발·운영하고 있습니다. 이에 못지않게 대학생들은 자신의 능력을 보여 주기 위해 학점, 토익점수, 각종 자격증, 면허증, 봉사활동 이수시간 등 스펙을 쌓는 데 여념이 없습니다. 하지만 소위 스펙이라고 하는 것이 요즘의 취업난을 뚫는 데 필수조건이 되었다고는 하지만, 여전히 자신의 역량을 스펙을 통해 타인과 차별화하여 보여 주기란 쉽지 않습니다.

최근에 와서 특히 창의적이고 자기주도적인 학습능력이 강조되면서 자신만의 독창적이고 특화된 능력을 갖추어야만 경쟁력을 확보할 수 있게 되었습니다. 가령 자기소개서나 면접에서 자신만이 가진 히스토리를 잘 보여 주는지가 합격의 승패를 좌우하는 것처럼 이제 평범한 인생이나 경험을 지루하게 나열하는 것은 매우 진부하게 여겨지고 있습니다. 다시 말하면 남과 차별화된 자신만의 이야기를 보여 주는, 즉 단순한 스펙의 나열이 아니라 자신의 장점은 물론 단점이나 역경을 이겨 낸 이야기를 들려줄 수 있는 스토리텔링이 중요한 시대가 되었습니다.

이러한 시대적 요구에 따라 자신의 스토리텔링을 담을 수 있는 러닝 포트폴리오(learning portfolio)에 대한 관심이 높아지고 있는데, 특히 학습자 입장에서 그 필요성이 더욱 강조되고 있습니다. 최근 대학에서는 21세기 글로벌과 융복합 시대를 맞아 리더십과 해당 분야의 전문성, 소양, 창의력, 실천역량을 두루 갖춘 리더를 양성하는 것이 중요해지고 있습니다. 또한 우리 사회는 결과 중심의 단편적인 정보로 인재를 판단하기보다는 다양한 경험과 꾸준한 자기계발과 창의성으로 무장된 인재를 요구하고 있습니다. 이에 따라 자신의 비전에 대한 지속적인 성찰과 학습여정에 대한 계획, 관리를 통해 사회에서 필요로 하는 인재로 성장하기 위한 관리체계가 필요해지고 있습니다.

대학에서 학생들의 기초학습능력을 지원하는 업무를 수행하면서 학습력 향상을 위한 일회성 행사나 단편적인 프로그램 형태를 뛰어넘어 매 학기, 매년 학습자 스스로 학습이력과 경력을 스스로 관리할 수 있는 지속적인 틀을 제공할 필요성을 느끼고, 이 책을 집필하게 되었습니다. 학습역량을 높이기 위한 많은 프로그램을 개발, 운영할 수도 있겠지만, 그 가운데서도 대학생활 전반에 걸쳐 학습자 스스로 자신의 학습신념과 방향을 점검해 보고, 학습활동의 전 과정을 모니터링해 봄으로써 학습에 대한 자기관리와 지속적인 성찰의 기회를 제공해 줄 수 있는 러닝 포트폴리오는 자신의 학습이력과 경력을 보다 체계적으로 관리할 수 있는 도구로서 매우 유용하게 활용될 수 있을 것입니다.

이 책은 크게 러닝 포트폴리오에 대한 이해와 실제로 나누어 소개하고 있습니다. 제1장 '러닝 포트폴리오의 이해'에서는 러닝 포트폴리오의 의의와 개념, 개발과 활용, 그리고 평가에 대해 소개하면서 e-러닝 포트폴리오도 함께 소개하고 있습니다. 제2장 '러닝 포트폴리오의 실제'에서는 러닝 포트폴리오의 개발사례를 소개하고 있는데, 우수 러닝 포트폴리오로 선정된 대학생들의 사례는 러닝 포트폴리오를 개발하고자 하는 이들에게 실질적인 도움을 줄 수 있을 것입니다. 아울러 부록을 통해 러닝 포트폴리오 개발을 위한 가이드와 러닝 포트폴리오 구성요소별 개발양식 및 활용자료를 제공하고 있습니다.

저자들은 이 책을 통해 러닝 포트폴리오를 개발하고 활용할 수 있는 이론적 틀과 실제를 제공함으로써 차후 이를 보다 확장시켜 e-러닝 포트폴리오로 발전시켜 나갈 수 있는 잠재력을 제시하고자 하였습니다. 따라서 이 책은 학습과 취업에 관심 있는 학습자뿐만 아니라 대학생들의 학습역량을 높이고자 노력하는 각 대학의 교수학습센터를 비롯하여 교육 및 취업 관련 기관에서도 유용하게 활용될 수 있을 것으로 기대합니다.

이 책은 그간 대학에서 러닝 포트폴리오의 이론과 실제를 연구, 개발해 온 집필자들이 대학현장에서 실질적으로 요구되는 대학생들의 학습이력과 경력을 체계적으로 관리하기 위한 러닝 포트폴리오에 관한 연구와 실제적인 자료수집 과정을 통해 펴낸 것입니다. 국내에 포트폴리오 관련 서적이 다수 소개되기는 했지만 대학생들의 학습이력과 경력을 관리할 수 있는 러닝 포트폴리오 관련 전문서적은 그리 많지 않은 편입니다. 비록 이 책이 여러모로 미흡하고 부족한 면이 많지만 앞으로 많은 분들의 조언과 요구를 수용하여 차후 보충하고 보완토록 하겠습니다. 모쪼록 이 책이 교육현장에서 필요로 하는 러닝 포트폴리오에 대한 이해와 활용의 폭을 넓히고, 학습역량과 취업역량을 높이는 데 실질적인 도움이 되길 바랍니다.

끝으로, 이 책에 러닝 포트폴리오 사례를 제공해 준 김효주 학생, 곽범덕 학생, 서정은 학생과 김재훈 학생, 그리고 이 책이 출간되기까지 물심양면으로 격려와 지원을 해 주신 학지사 김진환 사장님과 편집부 여러분께 깊은 감사를 드립니다.

2013년 2월

저자를 대표하여 조용개

차례

제1장

러닝 포트폴리오의 이해

1. 러닝 포트폴리오의 의의와 개념
2. 러닝 포트폴리오의 개발
3. 러닝 포트폴리오의 활용
4. 러닝 포트폴리오의 평가
5. e-러닝 포트폴리오

1. 러닝 포트폴리오의 의의와 개념

1) 러닝 포트폴리오의 의의

최근 지식기반사회의 도래로 인해 야기된 지식의 양적 · 질적 변화는 대학의 교수와 학생 모두에게 교수-학습에 대한 재인식을 요구하고 있다. 교수와 학생의 교수-학습 향상을 지원하려는 다양한 노력이 시도되는 가운데, 최근 교수와 학습에 포트폴리오의 개념을 도입하는 시도가 주목받고 있다. 예술가들은 오래전부터 작품의 완성도를 추구하고 자신의 작품을 수집하거나 시연하기 위해 포트폴리오를 활용하여 왔으며, 경제분야에서는 재정적 투자 등의 포괄적인 기록물로 포트폴리오를 활용해 오고 있다(이영석, 이정화, 2000; Barrett, 2000).

러닝 포트폴리오의 활용은 과거의 결과지향적인 교수-학습의 방법을 지양하고, 학습과정을 강조하는 구성주의적 학습방향과 더불어 교육현장에서 활발하게 전개되고 있다(김민정, 2006).

러닝 포트폴리오에 관한 견해를 살펴보면, 러닝 포트폴리오란 학생들의 성장 및 발달, 능력, 성취, 노력을 증명하기 위한 목적으로 수집된 자료의 총체(이영석, 이정화, 2000)라고 보는 관점이 있다. 반면 러닝 포트폴리오는 학생들의 작품을 조직화된 방식으로 모으는 다차원적인 수집으로, 포트폴리오 안에는 자료들에 대한 반성적인 논의가 포함되며, 학생들에게 학습과정이 진행됨에 따라 체계적인 반성을 할 수 있는 하나의 기반을 제공하여 학습능력을 향상시켜 주는 것(Zubizarreta, 2004)으로 보기도 한다.

종합하면, 러닝 포트폴리오란 '해당 분야의 최고의 전문가가 될 수 있도록 학습의 과정과 결과에 대한 종합적인 관리와 이를 비판적으로 성찰하는 기회를 제공하는 학습활동의 통합관리 시스템'이라고 할 수 있다(조용개, 이은화, 2012).

한편 러닝 포트폴리오가 갖는 교육적 가치는 크게 세 가지로 구분할 수 있는데, 첫째, 효율적인 '평가도구'로서의 러닝 포트폴리오이다. 러닝 포트폴리오는 학생들이 수집한 학습성과물들을 통해 한 개인의 성장을 종합적이고 지속적으로 평가할 수 있고, 자가평가, 동료평가, 교사평가를 다양하게 이용할 수 있어 평가 소요시간이나 교육효과면에서 효율적이다. 그리고 교육과정 전반에 걸쳐 학생의 성장을 평가하기 위한 다양한 정보를 얻을 수 있다.

둘째, '창의력, 반성적 사고증진을 위한 도구'로서의 러닝 포트폴리오이다. 러닝 포트폴리오는 학생의 반성적 사고를 높일 뿐만 아니라 교사의 수업에 대하여 성찰하는 수단으로도 활용될 수 있다(이현정, 이혜자, 2007). 또한 러닝 포트폴리오는 광범위한 개념을 형성하고 창의력과 상상력을 발휘할 수 있는 기회를 제공해 준다(최주영, 최선영, 강호감, 2004).

셋째, '교수-학습 전략 도구'로서의 러닝 포트폴리오이다. 러닝 포트폴리오는 교육의 문제점을 해결해 줄 수 있으며, 학생중심의 교수전략 도구로 활용될 수 있을 뿐만 아니라 지식의 적용, 자가평가, 개인의 능력 인지, 개인의 가치 개발 등을 도와주기 때문에 교사들은 러닝 포트폴리오를 역동적인 수업전략의 도구로 사용할 수 있다(조한무, 1999; 심명보, 2000; Gibert, 1993).

'교수-학습 전략 도구'로서의 러닝 포트폴리오는 교사 측면에서 보면 교사가 학생의 교육적 필요를 알고 결정하는 데 도움을 준다. 수업시간 중의 관찰에 의해 얻어진 정보는 교수-학습방법 결정에 즉각적으로 적용될 수 있고 학생의 학습과정 맥락 속에서 교수방법이 선택되고 실행된다는 장점이 있다. 학생 측면에서 보면 학습자는 자신이 얼마나 많이 발전했는가, 개선해야 할 점은 무엇인가 등 학습활동 전 과정에 걸친 성장을 검토할 수 있으며 강한 동기유발, 자부심을 통해 학생들의 참여와 성취를 지속시킴으로써 교사-학생 간의 상호작용을 이끌어 낼 수 있다(이현정, 이혜자, 2007).

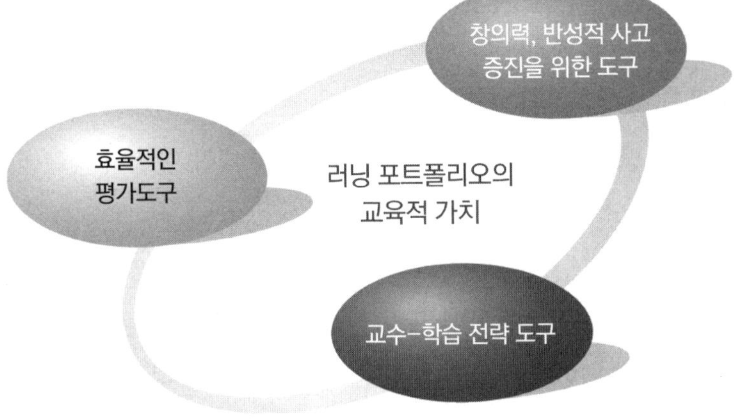

[그림 1-1] 러닝 포트폴리오의 교육적 가치

2) 러닝 포트폴리오의 개념 및 성격

포트폴리오(portfolio)란 라틴어의 '나르다'라는 'portare'와 '문서'란 뜻의 'folio'의 합성어로 1825년부터 1837년까지 영국의 외교관이었던 Urquart가 국가에 영향을 줄 만한 외교문서를 공개한 잡지이름에서 시작되었다. 사전적으로는 '작은 손가방, 서류 가방, 유가 증권'의 뜻으로 해석된다. 교육영역에서 사용되는 러닝 포트폴리오는 교사가 학생의 학습성과를 평가하는 과정에서 학습에 참여한 학생을 배제시키고, 외부자의 시각으로 학생을 평가하는 문제점을 개선하려는 대안적 평가방안에서 시작되었다(Haecker, 2007).

러닝 포트폴리오란 스스로 학습과정을 되돌아보고, 학습의 향상 정도, 학습성향의 장단점 등을 지속적이고 종합적으로 수집, 정리한 일종의 자료모음집이라고 할 수 있다. 또한 학습활동에 대한 성과와 노력을 보여 주는 증거자료와 이에 대한 자기성찰의 내용을 정리해 놓은 학습활동서 또는 학습에서의 자신의 성취를 사실적으로 기술한 학습에 관한 이력서, 학습의 성취수준, 기능, 활동범위, 향상도 등 다차원적인 자료모음집이라고도 할 수 있다(조용개, 이은화,

2012).

Annis와 Jones(1995, 최미나 외, 2005: 152에서 재인용)는 러닝 포트폴리오란 학생들의 작품을 조직화된 방식으로 함께 모으는 다차원적인 서류화된 수집이라고 정의하면서 포트폴리오 안에는 자료들에 대한 반성적인 논의가 포함되어야 함을 강조하였다.

조한무(1999)는 러닝 포트폴리오의 개념을 보다 상세하게 네 가지로 설명하고 있다. 첫째, 장기간에 걸친 학생의 성장과 학습을 나타내며, 둘째, 학생에게 자신의 학습에 대한 정리나 반성의 기회를 제공해 주며, 셋째, 목적에 따라 포함될 항목과 구성방법은 학생들에게 선택의 기회가 주어져야 하고, 넷째, 학습과 자기반성의 기회로 제공되어야 한다고 제시하고 있다.

러닝 포트폴리오는 학습과정과 학습성과를 연결시켜 주며(Schmiedinger, Wege, & Brunner, 2007), 학습자 중심의 학습과 액션학습을 유도하며, 학습자의 자기성찰을 촉진하므로(Haecker, 2007), 학습자의 적극성을 지지하여 학습역량 개발을 촉진하는 장점(Brunner, 2007)을 갖고 있다.

Wolf와 Dietz(1998)는 러닝 포트폴리오의 기능을 세 가지로 정의하고 있는데, 첫 번째는 학습자의 학습과정을 위한 것이고, 두 번째는 학습자를 평가하기 위한 것이며, 세 번째는 학습자의 전문성 발달을 남에게 보여 주기 위한 것이라고 한다. 첫 번째의 '학습과정을 위한 것'이란 학습의 최종결과물이 아닌 과정의 산출물에 초점을 둠으로써 학습과정에 충실하게 됨을 뜻한다. 두 번째 평가의 관점에서는 실생활에서 요구되는 준거에 부합하고 실제생활에서 발생하는 문제를 해결하는 형태의 과제에서 학습자 수행을 측정하는 것을 실제적인(authentic) 평가라고 볼 때 이러한 실제적인 평가에 가장 적합한 것이 포트폴리오라고 많은 연구들이 지적하고 있다(Kilbane & Milman, 2003). 세 번째, 학습자의 전문성 발달에 대한 보여 주기의 기능은 학습의 과정을 본인뿐만 아니라 다른 교육관계자나 전문인력을 구하는 수요자에게 보여 줌으로써 본인에게는 반성적 기회를 부여하고 수요자에게는 고용의 기회를 제공할 수 있음을 의미한다(Pelliccione, Dixon, & Dixon, 2004).

포트폴리오는 교육영역에서 유치원, 초등, 중등, 그리고 고등교육에 이르기까지 다양한 수준과 다양한 교과목에 걸쳐서 폭넓게 활용되고 있으며, 대부분의 경우 여러 가지 긍정적인 효과가 있는 것으로 알려져 왔다(김민정, 2006). 그간 러닝 포트폴리오는 전통적인 평가에서 다루기 힘들었던 교수-학습의 과정을 효과적으로 평가할 수 있는 도구로서 관심을 받아 왔다. 또한, 자신의 학습과정에 대한 성찰의 도구, 교수-학습활동에 필요로 하는 다양한 정보를 제공하는 도구, 학습자의 적극적 참여를 유도하는 도구 등으로 알려져 있다(Wolf & Dietz, 1998).

러닝 포트폴리오를 통하여 얻을 수 있는 장점은 다음과 같다. 첫째, 특정 교과목에 대한 전반적인 학습내용을 정리하고 구체화할 수 있으며, 둘째, 학습의 진행과정이나 사고과정의 변화를 알 수 있으며, 셋째, 자신의 학습과정을 성찰할 수 있는 기회를 제공해 주며, 넷째, 학습성취 결과에 대한 평가의 도구로 활용할 수 있으며, 다섯째, 학습의 탐구과정을 통하여 자기주도적인 학습능력을 기를 수 있다.

특히 러닝 포트폴리오는 학습과 평가를 조화롭게 해 줌으로써 학습자는 지속적으로 자신의 학습내용을 성찰하고, 자가평가를 통해 학습과정에 주체적으로 참여할 수 있다. 또한 교수자와 학습자 간에 의사소통을 할 수 있는 매개체가 됨으로써 교수자는 학생에게 의미 있는 피드백을 제공해 줄 수 있으며, 학습자는 학습과정에 대해 구체적으로 지도를 받을 수 있다는 장점이 있다.

3) 러닝 포트폴리오의 유형

Birenbaum과 Dochy(1996)는 포트폴리오를 전시 포트폴리오, 과정 포트폴리오, 결합 포트폴리오로 분류하였다. 전시 포트폴리오란 학생의 대표적인 작품이나 가장 우수한 작품 수행 등을 장기적으로 수집하여 견본처럼 만든 포트폴리오를 말하고, 과정 포트폴리오는 학생의 학습에서 발달과정을 있는 그대로 보여 주는 것으로, 미완성에서 완성으로의 과정 혹은 비능률에서 능률로의 과정이 모두 담겨 있다. 결합 포트폴리오는 전시 포트폴리오나 과정 포트폴리오가 결합된 형태를 말한다.

이와 함께 포트폴리오를 연구 포트폴리오, 전문가가 되기 위한 포트폴리오, 개인 포트폴리오로 구분하기도 하는데, 연구 포트폴리오란 연구과제나 일련의 연구단계의 순서나 노력을 보여 주는 포트폴리오를 말하며 전문가가 되기 위한 포트폴리오는 전문인이 되기 위한 목표와 연구과제를 주 항목으로 하는 포트폴리오를 말한다. 그리고 개인 포트폴리오란 다른 형태와는 다르게 자신이 관심을 갖는 것을 대상으로 모음집을 만들어 가는 포트폴리오를 말한다.

Mcmillan(1997)은 전시와 기록 및 평가 포트폴리오로 분류하고 있다. 전시 포트폴리오는 학생들이 선정한 최고의 작품들이 포함되며, 학생이 작품을 선정하기 때문에 성취의 형태도 개인마다 독특하다. 이렇게 하면 자기반성과 평가는 촉진되지만, 포트폴리오 구조와 내용이 학생마다 다르기 때문에 채점이 어렵고 많은 시간이 소요된다. 기록 포트폴리오는 정보와 예시를 수집한 것으로, 학생과 교사가 선정한 작품들 이외에도 관찰, 기록물, 시험지, 체크리스트, 평정척도 등이 포함될 수 있다. 학생들의 자기반성과 포트폴리오에 대한 외부 평가도 포함된다. 평가 포트폴리오는 앞의 두 형태보다 좀 더 표준화되어 있다. 학생의 자기반성이 포함되기는 하지만 수업의 개선보다는 학습을 평가하는 데 주된 목적이 있다. 대부분의 작품들을 교사가 선정하며, 선정할 작품의 영역 역시 사전에 결정되어 있다.

학습성과물에 따라 포트폴리오를 분류하면, 학습활동 전개과정에서 자연스럽게 생성된 성과물로 구성된 자연발생적 포트폴리오, 계획된 교수활동 중에서 행사와 같이 주기적으로 행해지는 활동의 성과물에 의한 정기적 포트폴리오, 교육목표에 입각하여 표준화된 상황을 제시하고 그로부터 실행해야 할 경험들을 중심으로 한 내용들이 포함된 계획된 경험 포트폴리오 등으로 나눌 수 있다.

목적에 따른 분류(Hartnell-Young & Morris, 1999)에 따르면, 학습의 과정을 지속적으로 모니터링하면서 발전시키는 학습(형성적) 포트폴리오, 종합적으로 학습의 과정을 평가할 수 있는 측정(총괄적) 포트폴리오, 취업준비를 위하여 모든 결과물을 모아 두는 취업(시장형) 포트폴리오로 나눌 수 있다.

내용에 따른 분류(조용개, 이은화, 2012)에 따르면, 특정 교과목 관련 학습과정 및 결과를 모으는 학습교과 포트폴리오, 학습(공부)전략(방법)에 관한 노력의 과정과 성찰을 모은 학습전략 포트폴리오, 전반적인 학습역량을 보여 줄 수 있는 종합자료모음으로 학습교과 포트폴리오와 학습전략 포트폴리오를 모두 포함한 학습이력 포트폴리오, 취업을 위한 경력과 역량을 보여 줄 수 있는 자료 모음집인 커리어 포트폴리오로 나눌 수 있다. 이를 표로 나타내면 〈표 1-1〉과 같다.

〈표 1-1〉 러닝 포트폴리오의 유형

목적에 따른 분류(Hartnell-Young & Morris, 1999)	
학습(형성적) 포트폴리오	학습의 과정을 지속적으로 모니터링하면서 발전시킬 수 있다.
측정(총괄적) 포트폴리오	종합적으로 학습의 과정을 평가할 수 있다.
취업(시장형) 포트폴리오	취업 준비를 위하여 모든 결과물을 모은다.
내용에 따른 분류(조용개, 이은화, 2012)	
학습교과 포트폴리오	특정 교과목 관련 학습과정 및 결과를 모은다.
학습전략 포트폴리오	학습(공부)전략(방법)에 관한 노력의 과정과 성찰을 모은다.
학습이력 포트폴리오	전반적인 학습역량을 보여 줄 수 있는 종합자료모음으로 학습교과 포트폴리오와 학습전략 포트폴리오를 모두 포함한다.
커리어 포트폴리오	취업을 위한 경력과 역량을 보여 줄 수 있는 자료를 모은다.

4) 러닝 포트폴리오의 구성요소

러닝 포트폴리오는 학습의 과정(process)과 결과(output)를 모두 포함하는 것으로 일반적인 러닝 포트폴리오 구성요소로는 자기소개, (이력)경력 및 학업계획서, 성적증명서 및 시상(장학증서 등), 학습성과물, 활동보고서(인턴십, 커뮤니티, 자원봉사, 해외연수 등), 각종 자격증(언어, 기사자격 등), 학습진단(스타일) 및 상담일지(지도교수 면담), 연구물 및 기타(출판, 발표, 시연, 제안서) 등이 포함될 수 있다.[1] 이 책에서 권장하는 항목(part)별 러닝 포트폴리오 구성요소를 제시하면 다음과 같다(조용개, 이은화, 2012).

Part 1. 개인정보

- 개인신상명세: 이름, 사진, 이메일, 홈페이지 또는 블로그 등
- 자기소개: 성장과정, 자신의 목표(장기/단기목표), 취미 및 관심사, 강점과 약점 등
- 개인이력: 학력, 경력, 자격, 연수 등
- 기타 증빙자료: 졸업장, 성적증명서, 각종 이수증 등

---

1. 공학교육인증에서는 학생 포트폴리오 구성요소로 개인정보(학생의 신상정보를 기록한 학생 종합정보: 이력서, 자기소개서 등, 장학금 및 수상경력 등, 지도교수/교수와의 상담내용, 학습성과 성취현황 등), 교과과정(교과목 이수내역 및 성적, 설계 포트폴리오, 졸업작품, 실험실습보고서, 현장실습/인턴, 현장교육 등, 졸업논문, 국내외 학술행사/학술지 발표 논문 등), 비교과과정(수업 이외의 각종 활동 및 경력으로, 교수실험실 연구보조, 동아리, 학생회, 학회, 봉사활동, 교환학생 및 어학연수 경력활동, 외국어, 컴퓨터활용, 자격증, 면허, 각종 에세이/의견, 직업적 · 윤리적 책임의식, 시사, 평생교육 등 기타 본인의 활동 및 경험을 나타낼 수 있는 자료 등)으로 나누어 요구하고 있다.

Part 2. 학습활동

- 학습신념(철학): 학습(공부)에 대한 자신의 신념이나 철학
- 학습목표: 학습(공부)의 장단기목표
- 학습방법: 자신만의 학습 노하우, 학습습관 및 전략
- 학습내용: 학기(년)별, 교과(전공)별, 주제별 학습내용
- 학습활동: 학습스터디, 튜터링, 학습블로그 활동 등
- 학습결과: 학습노트, 보고서, 발표자료 등
- 학습 관련 자료: 학습활동 결과물 등

Part 3. 학습 외 활동

- 동아리, 학생회활동: 동아리, 학생회활동자료
- 봉사활동: 각종 국내외 봉사활동자료
- 국내외 연수 및 인턴십: 국내외 연수 및 인턴십활동자료
- 연구 및 개발활동: 프로젝트, 학회, 세미나활동자료
- 공모, 공연, 작품활동: 각종 공모, 공연, 작품활동자료 등

Part 4. 성찰활동

- 학습목표에 대한 성찰: 학습목표 설정 및 실천에 대한 성찰(반성)
- 학습과정에 대한 성찰: 학습방법, 내용, 활동에 대한 성찰(반성)
- 학습결과에 대한 성찰: 학습결과, 평가에 대한 성찰(반성)

Part 5. 기타 자료

- 자신의 학습의 과정과 결과를 보여 줄 수 있는 기타 각종 자료 또는 결과물(증빙자료)
- 자신의 이력 및 경력을 보여 줄 수 있는 기타 각종 자료 또는 결과물(증빙자료)

2. 러닝 포트폴리오의 개발

대학생활 동안 자신이 이루고 싶은 비전과 미션을 수립하고, 이것을 순차적으로 달성하기 위한 계획을 세워 실천 정도를 지속적으로 성찰하고, 자신이 준비된 인재로 성장하는 과정에서 동기부여가 될 수 있도록 필수항목들을 러닝 포트폴리오 항목으로 개발해야 한다.

아울러 취업 시 성적이나 어학점수와 같은 단편적인 정보뿐만 아니라, 대학생활 동안 축적한 전문성과 기반역량을 한눈에 보여 줄 수 있는 활동중심 이력서를 통해 자신의 강점을 충분히 인식하고 피력하여, 'Plan-Do-See'로 이어지는 지속적인 성찰(reflection) 메커니즘을 통해 비전의 실현가능성을 높여 나가야 한다. 또한 러닝 포트폴리오를 개발할 때는 학습의 양보다는 학습의 과정과 내용에 대한 자신의 강점과 약점을 살펴보는 자기성찰활동이 무엇보다도 중요하다.

대학 학습이력과 경력관리를 위한 러닝 포트폴리오 개발전략을 소개하면 다음과 같다.

1) 목표설정하기(setting goal)

러닝 포트폴리오를 개발하기 위해서는 무엇보다도 뚜렷한 목표를 설정하는 것이 중요하다. 목표를 설정하고자 할 때는 내가 '기대하는 바(to be)'와 '현재 상태(as-is)' 간의 괴리를 어떻게 줄이는가에 초점을 맞추어야 한다.

아래 그림은 나의 목표(기대하는 바)를 달성하기 위하여 대학 1학년부터 4학년까지 각각의 하위목표를 세운 예를 보여 주고 있다.

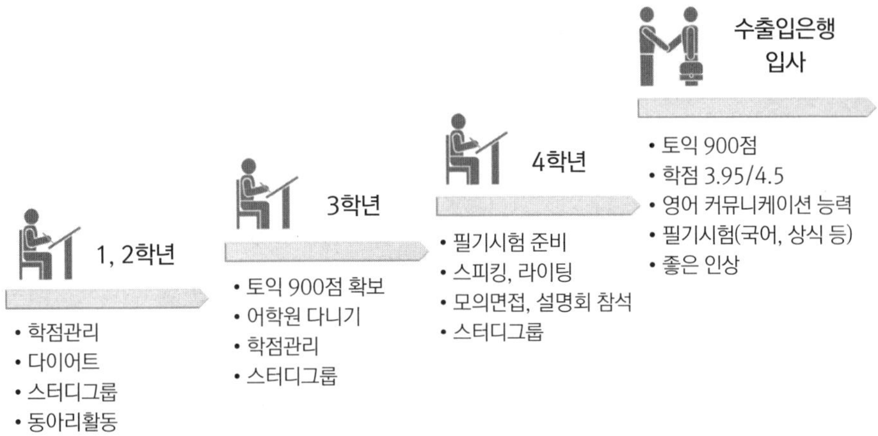

* 출처: 이지은(2008).

2) 비전(vision)과 미션(mission) 수립하기

내가 지향하는 목표를 달성하기 위해서 미래의 전망(비전)은 무엇이며, 이를 달성하기 위해 무엇(미션)을 해야 할 것인가를 결정해야 한다. 아래 그림과 같이 자신의 비전과 미션을 세우고 구체적으로 실천할 수 있는 계획을 수립한다면 목표중심의 러닝 포트폴리오를 개발할 수 있다.

내가 지향하는 대학 4년간의 목표는 무엇인가?

Vision → 마케팅 전문가로 성공하기 위해 국내 최대의 이동통신 회사인 ○○ 텔레콤에 입사

나의 비전을 달성하기 위해 무엇을 해야 하는가?

Mission → ○○ 텔레콤의 인재상(전문인, 실용인, 세계인, 봉사인)으로 성장하기 위해 관련 역량을 개발

* 출처: 이지은(2008).

3) 비전 달성을 위한 로드맵(road map) 작성하기

로드맵이란 앞으로의 계획이나 전략 등이 담긴 구상도 또는 청사진을 의미하는데, 로드맵을 통하여 자신의 미래 모습을 그려 보고, 현재 모습을 파악하여 향후 계획을 세울 수 있다. 로드맵을 그려 보는 과정은 다음과 같다. 가장 먼저 비전과 미션을 정하고, SWOT, 즉 강점(strength)과 약점(weakness), 기회(opportunity)와 위협(threat)요인을 분석하여 자신의 역량을 파악한 다음, 역량개발을 위한 연간활동계획을 세운다. 이를 그림으로 나타내면 다음과 같다.

일반적으로 SWOT 분석은 기업에서 환경분석을 통해 강점과 약점, 기회와 위협요인을 규정하고 이를 토대로 마케팅 전략을 수립하는 기법으로 기업의 환경분석뿐만 아니라 모든 설계과정에서 유용한 도구로 사용되고 있다. 이러한 분석기법을 통하여 나의 SWOT를 분석하여 향후 목표달성을 위한 방안을 마련하는 데 적극 활용할 수 있다. SWOT 분석의 예를 제시하면 다음과 같다.

다음 SWOT 분석의 예를 참고하여 목표를 설정한 다음, 나의 강점과, 약점, 기회, 위협요인을 분석해 보자. 나의 강점과, 약점, 기회, 위협요인을 분석한 다음에는 이를 해결해 나갈 수 있는 우선수행과제(강점-기회전략), 우선보완과제(약점-기회전략), 리스크(risk) 해결과제(강점-위협전략), 장기보완과제(약점-위협전략)를 세워 본다.

목표: 토익 900점

내부 능력 / 외부 환경		S [강점]	W [약점]
		• 영어에 흥미가 있다.	• 효율적인 시간관리를 잘하지 못한다.
O [기회]	• 영어 복수 전공 선택	우선수행과제 (강점-기회[SO] 전략)	우선보완과제 (약점-기회[WO] 전략)
		• 영어 부전공을 최대한 활용하여 공부한다.	• 토익강의를 집중적으로 듣는다.
T [위협]	• 학점취득 부담	리스크 해결과제 (강점-위협[ST] 전략)	장기보완과제 (약점-위협[WT] 전략)
		• 영어 학점취득에 중점을 둔다.	• 토익 공부시간을 점차 늘려 나간다.

4) 핵심역량 분석과 역량 개발하기

핵심역량이란 단순히 개인이 잘하는 활동을 의미하는 것이 아니라 어떤 조직에서 필요로 하는 능력 가운데 다른 사람에 비해 훨씬 우월한 능력, 즉 경쟁우위를 가져다주는 능력으로, 보다 우수한 수준으로 만족을 제공할 수 있는 개인의 힘을 의미한다. 따라서 사회가 필요로 하는 여러 가지 다양한 조건 중 자신의 비전과 미션을 이룰 수 있는 핵심요소를 명확히 설정하여 이를 이루기 위한 방법을 찾아내는 것이 무엇보다도 중요하다(이지은, 2008). 이러한 역량을 개발하기 위한 지표를 설정해 보면 다음과 같다.

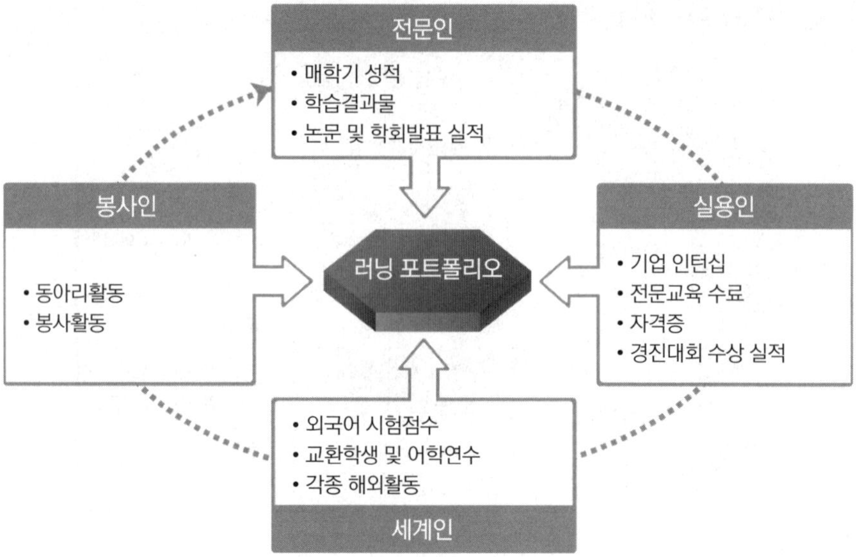

* 출처: 한양대학교 교수학습개발센터(2007).

다음으로 역량개발을 위한 연간개발계획을 세우고, 이를 실천하기 위한 연간활동계획을 세워야 한다. 이를 그림으로 나타내면 다음과 같다.

연간개발계획

미션	역량	활동	기한
전문인	• 마케팅 전문지식 • 연구능력	• 마케팅 관련과목 수강/평점 3.75 이상 • 마케팅 학회발표 • 텔레콤 리뷰 프로시딩	A 3/1 3/2
실용인	• 현장감각(즉전력) • 마케팅 기반 능력	• 인턴십 • 대학생 마케팅 경진대회 • AMOS 자격증	4/1 2/2 2/2
세계인	• 타문화에 대한 이해 • 어학능력	• KADO 해외 봉사단 • ○○ 어학원에서 그린벨트 따기	IMP 3/1~
봉사인	• 대인관계, 사회성 • 서벤트 리더십	• 동아리활동/동아리 주관 사회봉사활동	~2/2
○○인	• 문제해결능력 • 사회성 • 어학	• 적성검사 시험 준비 • 모의면접 참석 • 토익점수 따놓기(830)	4/1 4/1 4/1

연간활동계획

학년	활동계획
1	• 학과 성적관리(평점 3.75) • 동아리활동/동아리 주관 사회봉사활동
2	• 학과 성적관리(평점 3.75) • 동아리활동/동아리 주관 사회봉사활동 • 대학생 마케팅 경진대회 출전 • AMOS 자격증 따기
3	• 학과 성적관리(평점 3.75) • ○○어학원 다니면서 그린벨트 따기 • 마케팅 학회발표 • 텔레콤 리뷰 프로시딩
4	• ○○텔레콤 인턴십 프로그램 참여 • 적성검사 시험 준비 • 모의면접 참석 • 토익점수 따놓기(830점)

* 출처: 이지은(2008).

이와 같은 연간개발계획과 연간활동계획의 예를 참고하여 나의 연간개발계획과 연간활동계획을 세워 본다.

Tips 러닝 포트폴리오 개발을 위한 네 가지 노하우

- **하나/개발 목적을 정한다:** 교과학습능력 향상, 학습방법(전략) 개발, 학습이력, 학습평가, 취업 등
- **둘/구성요소를 정한다:** 개인정보, 학습활동, 학습 외 활동, 성찰활동, 기타 자료 등
- **셋/성찰내용을 기록한다:** 수집한 자료를 분석하고 평가하고, 구성요소별 자료에 대한 성찰을 기록한다.
- **넷/3링 바인더에 정리한다:** 각 구성요소별 목차를 만들고 섹션을 나눈다, 수시로 자료를 수집, 선별해 둔다, 구성요소별 자료를 체계적으로 정리한다.

※ 분량보다는 대학생활을 통해 갖추게 된 개인의 능력, 역량, 인성 등에 관한 내용을 중심으로 정리, 제시한다(주요 자료별 1~2매, 건별 요약)

5) 러닝 포트폴리오 개발절차 및 모형

러닝 포트폴리오 개발절차는 [그림 1-2]와 같다.

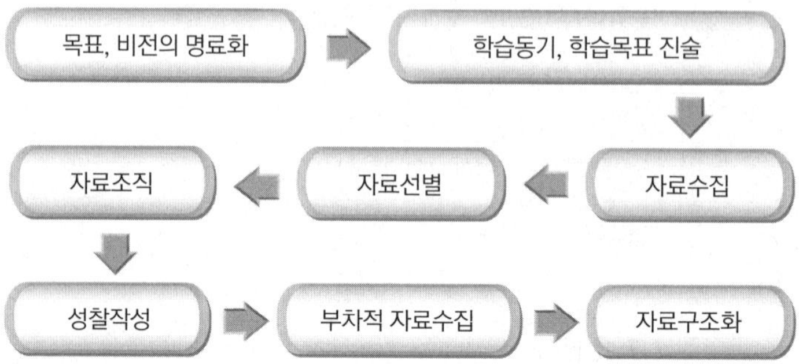

[그림 1-2] 러닝 포트폴리오 개발절차

위 러닝 포트폴리오 개발절차에 따라 앞서 소개된 러닝 포트폴리오 구성요소를 참조하여 개인정보, 학습활동, 학습 외 활동, 성찰활동, 기타 자료별로 러닝 포트폴리오를 개발해 볼 수 있다. 이 책 부록의 '러닝 포트폴리오 개발가이드'를 참조하고 양식(표)을 활용하면 보다 효과적이고 효율적으로 러닝 포트폴리오를 만들 수 있을 것이다.

이와 함께 Seldin(2004)과 Zubizarreta(2004, 2009)가 제시한 일반적인 포트폴리오 개발절차를 러닝 포트폴리오 개발에 적용하여 단계별로 제시하면 [그림 1-3]과 같다.

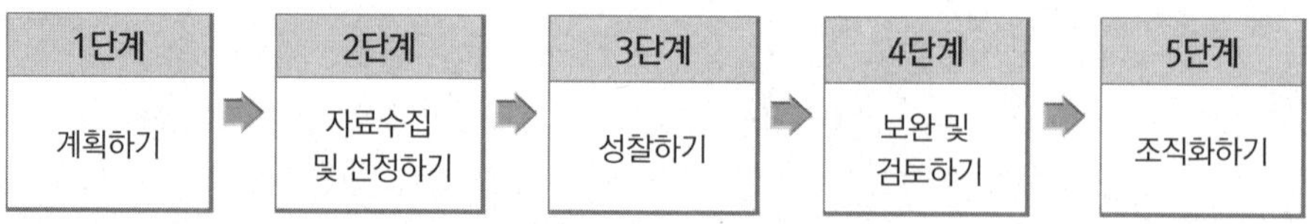

[그림 1-3] 러닝 포트폴리오 개발단계

단계		구성요소
1단계	계획하기 (planning)	Part 1. 개인정보 • 개인신상명세 • 자기소개 • 개인이력 • 기타 증빙자료
2단계	자료수집 및 선정하기 (collection and selection)	Part 2. 학습활동 • 학습신념(철학) • 학습목표 • 학습방법 • 학습내용 • 학습활동 • 학습결과 • 학습평가 • 학습활동 관련 자료
		Part 3. 학습 외 활동 • 동아리, 학생회활동 • 봉사활동 • 국내외 연수 및 인턴십 • 연구 및 개발활동 • 공모, 공연, 작품활동
3단계	성찰하기 (reflection)	Part 4. 성찰활동 • 학습목표에 대한 성찰 • 학습과정에 대한 성찰 • 학습결과에 대한 성찰
4단계	보완 및 검토하기 (supplement and review)	Part 5. 기타 자료 • 자신의 학습과정과 결과를 보여 줄 수 있는 기타 각종 자료 또는 결과물(증빙자료) • 자신의 이력 및 경력을 보여 줄 수 있는 기타 각종 자료 또는 결과물(증빙자료)
5단계	조직화하기(compiling)	자료의 구조화

[그림 1-4] 러닝 포트폴리오 구성요소를 적용한 개발단계

[그림 1-3]의 러닝 포트폴리오 개발단계에 따라 러닝 포트폴리오 구성요소를 적용하여 대학 학습이력과 경력관리를 위한 러닝 포트폴리오 개발과정을 단계별로 제시하면 [그림 1-4]와 같다.

[그림 1-4]의 러닝 포트폴리오 구성요소를 활용한 개발단계에 따른 내용과 활용자료를 정리해 보면 〈표 1-2〉와 같다. 활용자료의 각종 양식과 예시는 이 책의 부록에 별도로 소개해 놓았다.

〈표 1-2〉 러닝 포트폴리오 개발단계별 구성요소 및 내용

단계	구성요소	내용	활용자료(부록 참조)
1단계	Part 1. 개인정보	• 이름, 사진, 이메일, 홈페이지 또는 블로그 등 • 성장과정, 자신의 목표(장기, 단기목표), 취미 및 관심사, 강점 및 약점 등 • 학력, 경력, 자격, 연수 등 • 졸업장, 성적증명서, 각종 이수증 등	• 미래 계획, 나의 강점과 약점 기록양식 • 이수학점 및 성적 기록양식 • 외국어 및 컴퓨터 관련 능력 기록양식 • 자격증 및 면허 기록양식
계획하기	• 개인신상명세 • 자기소개 • 개인이력 • 기타 증빙자료		
2단계	Part 2. 학습활동	• 학습(공부)에 대한 자신의 신념이나 철학 • 학습(공부)의 장단기목표 • 자신만의 학습 노하우, 학습습관 및 전략 • 학기(년)별, 교과(전공)별, 주제별 학습내용 • 학습스터디, 튜터링, 학습블로그 활동 등 • 학습노트, 보고서, 발표자료, 논문 등	• 학습계획서 기록양식 • 나만의 학습방법검사지 • 학습전략검사지 • 학습내용 및 학습활동 기록양식 • 실험/실습활동 기록양식
자료 수집 및 선정 하기	• 학습신념(철학) • 학습목표 • 학습방법 • 학습내용 • 학습활동 • 학습결과 • 학습평가 • 학습활동 관련 자료		

		• 평가결과, 교수님으로부터의 피드백, 동료평가 • 학습활동 결과물 등	
	Part 3. 학습 외 활동 • 동아리, 학생회활동 • 봉사활동 • 연수 및 인턴십 • 연구 및 개발활동 • 공모, 공연, 작품활동	• 동아리 및 학생회활동 자료 • 각종 봉사활동자료 • 국내외 연수 및 인턴십 활동자료 • 프로젝트, 학회, 세미나활동자료 • 각종 공모, 공연, 작품활동자료 등	• 동아리, 학생회활동 및 봉사활동 기록양식 • 국내외 연수, 인턴십/연구 및 개발활동 기록양식 • 공연 및 작품활동 기록양식
3단계 성찰하기	Part 4. 성찰활동 • 학습목표에 대한 성찰 • 학습과정에 대한 성찰 • 학습결과에 대한 성찰	• 학습목표 설정 및 실천에 대한 성찰(반성) • 학습방법, 내용, 활동에 대한 성찰(반성) • 학습결과, 평가결과에 대한 성찰(반성)	• 전공지식 응용능력과 기본소양 관점에서의 자기성찰 예시 • 산업현장과 연계된 전문지식 관점에서의 자기성찰 예시 • 영어활용능력 관점에서의 자기성찰 예시
4단계 보완 및 검토하기	Part 5. 기타 자료 • 자신의 학습과정과 결과를 보여 줄 수 있는 기타 각종 자료 또는 결과물(증빙자료) • 자신의 이력 및 경력을 보여 줄 수 있는 기타 각종 자료 또는 결과물(증빙자료)		• 수상 경력 및 장학금 수혜 실적 기록양식 • 인증서 및 자격증 예시
5단계 조직화하기	자료의 구조화 • 개발목적에 따른 바인더 또는 e-포트폴리오 활용	• 과정(process)으로서의 포트폴리오 • 산출(product)로서의 포트폴리오 • 전시(showcase)로서의 포트폴리오	

Tips 러닝 포트폴리오 개발단계

- **1단계: 목표설정(setting goal)단계**
  목표는 구체적(specific)이어야 하며, 측정 가능(measurable)해야 하며, 실천적(actual)이어야 하며, 실현가능성(realistic)이 있어야 하며, 기한(timely)을 설정해야 한다.
- **2단계: 개발(development)단계**
  목표와 비전의 명료화 → 학습동기, 학습목표 진술 → 자료수집 → 자료선별 → 자료조직 → 성찰 작성 → 부차적 자료수집 → 자료의 구조화
- **3단계: 성찰(reflection)단계**
  성찰의 목적은 자기반성과 자아실현에 있다. 과정과 결과에 대한 생각과 느낌을 성찰일지로 작성한다.

3. 러닝 포트폴리오의 활용

1) 러닝 포트폴리오 활용의 장점

러닝 포트폴리오의 개발을 통해 얻을 수 있는 장점은 다음과 같다.

첫째, 시험을 준비할 때 학습자료, 수업노트, 과제물 피드백 등을 활용하여 공부할 수 있다.

둘째, 자신의 학습성향과 태도를 관찰하여 자신에 맞도록 학습분량과 학습방법을 조절할 수 있다.

셋째, 본인의 활동기록과 변화과정을 기록하는 습관을 통해 시간관리능력과 자기조절학습능력을 기를 수 있다.

넷째, 대학원 진학 또는 취업 시 본인의 능력을 증빙할 수 있는 자료로 활용

할 수 있다. 다섯째, 본인의 발전과정에 대한 지속적인 기록과 성찰과정을 통해 진로방향을 결정하는 자료로 활용할 수 있다.

따라서 매일 또는 매주 학습한 내용에 대한 포트폴리오를 작성하고, 바인더에 체계적으로 정리해 두면 차후에 훌륭한 '나만의 지식이력서'를 만들 수 있을 것이다.

① 바인더 예시	② 세부 목차, 내지 예시	③ 내용(산출물 예시)
	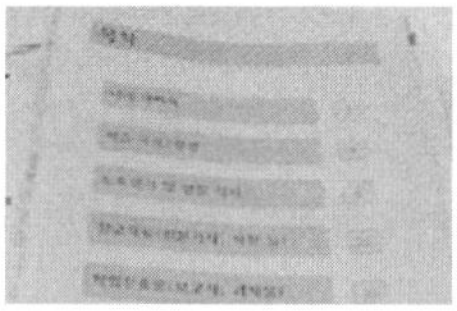	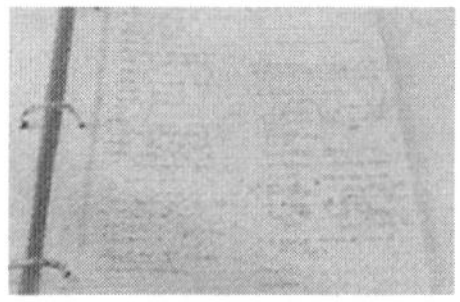

[그림 1-5] 러닝 포트폴리오 사례 견본

[그림 1-6] 러닝 포트폴리오 바인더 견본

2) 러닝 포트폴리오의 활용사례-국내

바인더형 문서 기반의 러닝 포트폴리오는 학습이력이나 경력관리 외에도 교과목 포트폴리오 또는 학습전략(공부방법) 포트폴리오로도 활용 가능하다. 예를 들면, 특정 교과목과 관련하여 학습의 과정이나 결과를 체계적으로 정리할 수 있으며, 학습(공부)전략(방법)에 관한 노력의 과정과 성찰을 담을 수 있다. 교과목 포트폴리오의 경우에는 해당 교과목과 관련된 자료(수업계획서, 수업자료, 과제, 학습활동자료, 평가자료 등)를 모으거나, 학습전략 포트폴리오의 경우에는 자신의 학습방법(학습스타일 점검하기, 목표설정하기, 계획세우기, 시간관리하기, 노트필기하기, 리포트 작성하기, 시험관리하기, 영어능력 향상하기 등) 개발과정을 담을 수 있다.[2]

[그림 1-7] 학습전략 포트폴리오 바인더 견본

2. 학습(공부)전략(방법) 관련 포트폴리오 개발을 하고자 할 경우에는 조용개 외, 『성공적인 대학생활을 위한 학습전략 포트폴리오』(학지사, 2007)를 참조, 활용하기 바란다.

e-러닝 포트폴리오의 경우, 신라대학교에서 운영하고 있는 e-러닝 포트폴리오를 소개하면 다음과 같다. [그림 1-8]은 로그인했을 때의 초기화면으로 여러 가지 조건을 입력하여 조건에 맞는 졸업생 혹은 재학생을 검색할 수 있다.

[그림 1-8] 신라대학교 e-러닝 포트폴리오 시스템

위 e-러닝 포트폴리오의 경우, 단과대학, 전공, 학년, 성별조건을 입력한 후 검색하면 해당 학생을 조회할 수 있으며, 검색된 학생의 이름을 클릭하면 해당 학생의 러닝 포트폴리오 입력 내용을 확인할 수 있도록 되어 있다.

신라대학교의 e-러닝 포트폴리오는 다음과 같이 구성되어 있다.

1) 직무 · 인성 적성검사

온라인 방식의 검사 후 곧바로 분석결과 확인

2) 자기분석

① 비전설정: 10년 후와 20년 후의 자신의 목표에 대한 진술

② 자기분석: 성장배경, 소질성격, 사회활동 등에 관한 진술

③ SWOT 분석: 자신의 장단점을 분석하고, 분석결과를 통해 스스로의 전략 도출

④ 10년 뒤 이력서: 10년 후 이력서 및 자기소개서 입력

3) 경력 탐색

① 직업 정보탐색: 직업유형을 검색하여 관심 직종 입력 및 저장

② 자격증 정보탐색: 한국산업인력관리공단의 자격증찾기를 통해 관심 자격증에 관한 학습결과 입력

4) 성취도 및 경력관리

① 학적정보조회: 학적정보, 개인시간표, 성적조회 가능.

② 학업성취도관리: 학기별 목표이수학점 입력, 현재 수강과목 조회 가능

③ 정보화능력관리: 컴퓨터 및 온라인 관련 자격증 목표 및 현황 입력

④ 외국어능력관리: 토익 및 기타 외국어 능력 현황 및 목표치 입력

⑤ 자격증취득관리: 취득 자격증 및 관심 자격증 입력

⑥ 경력활동관리: 각종 활동 참여 실적 입력

5) 목표기업 탐색

취업을 목표로 하는 기업을 검색하여 취업목표 지위, 취업준비를 위한 단계 등 입력

6) 단계별 취업플랜

목표로 하는 기업에 대한 구직활동의 단계를 자료조사, 입사서류 작성, 입사서류 제출, 필기시험, 인 · 적성검사, 1차 면접, 2차 면접, 합격 등으로 구분하여 입력

7) 학과 경력 개발 로드맵

① 나의 로드맵관리: 소속 학과에서 입력한 직종별 교육과정 로드맵과 타전공의 로드맵을 스크랩하여 입력

② 우리 전공 로드맵: 전공별 전체 학생에 대한 기본역량 강화 로드맵 검색 가능, 전공별 관련 자격증 검색 및 스크랩 가능

③ 타전공 로드맵: 대학 전체 전공별 관련 직종 검색 및 취업을 위한 교육과정 로드맵 확인 및 스크랩 가능

3) 러닝 포트폴리오의 활용사례-국외

미국 Florida 주립대학교의 직업센터는 학생 직업을 준비하기 위해 '커리어 포트폴리오(career portfolio)'를 운영하고 있다. 학교의 모든 학생들이 e-포트폴리오를 통해 미래직업을 준비할 수 있도록 하는 것이 커리어 포트폴리오를 운영하는 목표다. [그림 1-9]는 커리어 포트폴리오의 홈페이지이다. 그림을 보면, 학교는 학생들이 더 좋은 e-포트폴리오를 만들 수 있도록 하기 위해 학생들에게 e-포트폴리오에 대한 소개, 발표자료, 다른 학생들이 만든 e-포트폴리오 등의 많은 정보를 제공하고 있다(박인우 외, 2008).

커리어 포트폴리오는 두 가지로 구성되어 있다.

첫째, e-포트폴리오에서 학생들은 학교에서 정한 여러 역량 영역에서 습득한 것을 기술한다. 이러한 역량으로는 독창성, 커뮤니케이션, 공학/과학, 비판적인 사고, 지도력, 생활관리, 연구/프로젝트 개발, 사회적 책임 등이 있다.

둘째, 학생들의 경력, 이력서 등 많은 개인정보를 e-포트폴리오에 기술할 수 있다. [그림 1-10]은 학생이 만든 경력 e-포트폴리오이다. 이 예시에서 학생의 e-포트폴리오는 우선 자신에 대한 간단한 정보, 예를 들면, 교육배경, 목적, 기능 등이 서술되어 있다. 다음에 학생의 이력서와 각 수업을 통해서 습득한 여러 역량, 성적 등이 제시되어 있다.

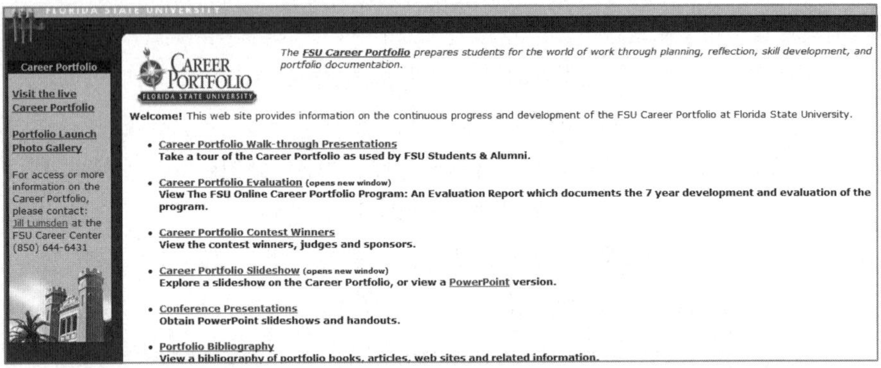

[그림 1-9] Florida 주립대학교의 직업센터 커리어 포트폴리오

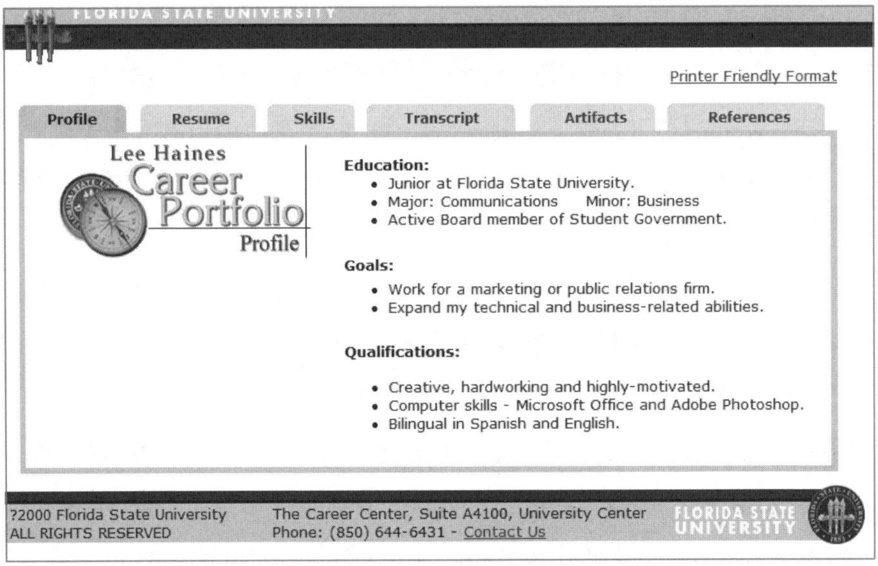

[그림 1-10] FSU 커리어 포트폴리오의 예시

Florida 주립대학교의 커리어 포트폴리오의 목적은 학생이 장래 직업을 준비할 수 있도록 하는 것이다. 이러한 목적을 위해 각 학생의 e-포트폴리오는

학교의 직업센터와 연결되어 있으며, 학생은 자신의 직업목표를 고려하여 직업센터에서 운영하는 워크숍, 행사 등에 참석하고, 직업에 관한 조언 등을 받아서 취업을 준비한다.

이 학교는 학생들이 e-포트폴리오에 자신의 이력서를 포함하여 홈페이지 형태로 제시할 수 있도록 함으로써 이메일 등을 통해 포트폴리오를 볼 수 있도록 하고 있다. e-포트폴리오는 현재 속한 기관에서 평가의 목적으로 활용될 수도 있지만, 학생이 자신이 습득한 지식과 기능, 자신이 갖고 있는 역량을 장래의 고용인에게 보여 줄 수도 있다(박인우 외, 2008).

Tips 러닝 포트폴리오 활용하기

- 하나, 시험을 준비할 때 학습자료, 수업노트, 과제물 피드백 등을 활용하여 공부한다.
- 둘, 자신의 학습성향과 태도를 관찰하여 자신에 맞도록 학습분량과 학습방법을 조절한다.
- 셋, 본인의 활동기록과 변화과정을 기록하는 습관을 통해 시간관리능력과 자기조절학습능력을 기른다.
- 넷, 대학원 진학 또는 취업 시 본인의 능력을 증빙할 수 있는 자료로 활용한다.
- 다섯, 본인의 발전과정에 대한 지속적인 기록과 성찰과정을 통해 진로방향을 결정하는 자료로 활용한다.

4. 러닝 포트폴리오의 평가

1) 러닝 포트폴리오 평가의 의의

최근 교육평가 논의에서 포트폴리오는 대안적 평가의 한 유형으로 부각되고 있다.[3] 특히 러닝 포트폴리오 평가는 평가의 보편적인 접근과는 달리 학습자들의 학습활동을 전 범위에 걸쳐 수집하고 평가하는 혁신적인 평가방법으로 고려될 수 있다.

일반적으로 포트폴리오 평가는 일회적이고 인위적인 평가상황이 아니라 지속적이고 자연스러운 교수-학습상황 속에서 평가하는 실제상황 평가 혹은 참평가(authentic evaluation)로서 교육과정의 반영, 교육의 개별화, 반성적 사고 및 정보공유의 촉진이라는 장점을 발휘할 수 있는(Gullo, 1997) 교수-학습과정의 개선안, 나아가 교육개혁의 일환으로 인식되고 있다.

최근에는 산출물을 이용한 포트폴리오 평가방법을 많이 사용하고 있다. 왜냐하면 포트폴리오는 전통적인 평가방법에 미래지향적인 평가방법에 미래지향적인 평가방법을 접목시켜 자신을 나타내는 수단인 동시에 자존감을 키워주고 성취감을 고양하며 긍지를 갖게 해주기 때문이다(정명화 외, 2003).

지난 1980년대 후반 이래 종래의 평가방식으로 인해 야기될 수 있는 문제점들을 보완하고 그 대안을 강구하기 위한 움직임이 활발하게 이루어져 왔다.

---

3. 최근 교육의 장에서 논의되고 있는 평가연구의 동향으로는 대안평가(alternative assessment), 직접평가(direct assessment), 실제상황 평가(authentic assessment), 수행평가(performance assessment or performance-based assessment), 포트폴리오 평가(portfolio assessment), 과정중심평가(process-oriented assessment), 홀리스틱 평가(holistic assessment), 학습결과물 평가(outcome-based assessment) 등의 용어가 전통적인 평가(traditional assessment)와 대비되는 개념으로 논의되고 있다. 이러한 평가용어에 담겨진 새로운 평가의 특징들은 기존의 평가에 대한 반성에 기초한다고 볼 수 있다(최유현, 2000).

이는 종래의 평가방식을 완전히 대체하기 위한 것이라기보다는 기존의 방식이 지닌 근본적인 제한점이나 문제점을 보완하기 위한 것이라고 판단할 수 있는데, 대표적인 것으로 수행중심의 평가(performance-based evaluation)와 그 방안의 하나인 동시에 또 다른 대안적 평가방법(alternative assessment)이라고 할 수 있는 포트폴리오 평가(portfolio assessment or portfolio evaluation)의 등장이라고 할 수 있다(배호순, 1997).

러닝 포트폴리오 평가는 학습자의 개인적 진척도와 학습활동의 과정과 프로그램 등의 평가목적을 실현하기 위하여 일정 기간 동안의 학습 관련 자료들을 적절한 물리적 구조에 체계적이며, 지속적이고, 의도적으로 문서화하거나 자료화하여 학습자 스스로 성찰적으로 평가하는 전략이라고 할 수 있다. 학습자는 자신의 개발한 러닝 포트폴리오를 통해 자기 자신의 변화과정을 알 수 있고, 자신의 장점과 약점, 성실성 여부, 잠재가능성 등을 인식할 수 있으며, 자신의 현재 상태를 쉽게 파악할 수 있을 뿐만 아니라 앞으로의 발전방향을 탐색해 볼 수 있다. 이러한 방식은 단편적인 영역에 대한 일회적 평가가 아니라 학습자 개개인의 변화, 발전과정을 종합적으로 평가하기 위해 전체적이면서도 지속적인 평가를 강조하는 것으로 소위 대표적인 수행평가의 한 방법이라고 할 수 있다.

이러한 러닝 포트폴리오 평가는 우선 교수-학습활동과 직결되며 진솔한 평가방식(authentic assessment)이라는 점에서 그 특징을 찾아볼 수 있다. 즉, 러닝 포트폴리오 방식이 교수-학습활동 자체에 중점을 두고 학습의 과정과 결과를 진솔하고 타당하게 드러내는 근거자료를 중시하고 있기 때문에 종래에 지나치게 표준화 검사라는 간접적인 도구를 통하여 평가활동의 객관성, 신뢰성, 편의성만을 강조해 온 추세에서부터 탈피하여 평가활동의 진솔성, 직접성, 타당성을 보다 강조하고 있다.

또한 러닝 포트폴리오 평가는 대안적 평가에서 추구하고 있는 교수-학습수행 자체를 평가대상으로 삼으면서 보다 직접적이고 생생한 측면을 평가함으로써 교수-학습활동과 평가 간의 보다 긴밀한 관계를 형성할 수 있다는 특성을 지니고 있다. 말하자면, 교수자(또는 학습자)로 하여금 평가과정에 적극 참여하도록 하고, 그 결과를 통하여 자신의 교수-학습행동의 장점과 약점을 정확하게 파악할 수 있는 기회를 부여하고, 개개인의 교수-학습방법을 개발하도록 함으로써 교수-학습의 개별화에 기여할 수 있다(Knight & Gallaro, 1994; Birenbaum & Dochy, 1996).

2) 러닝 포트폴리오 평가의 특성

일반적으로 평가를 의미하는 용어로 'evaluation'을 사용해 왔으나 최근 들어 'assessment'라는 용어를 많이 사용하고 있다. Arends(1994)는 평가의 개념을 두 단계의 절차로 인식하고 있다. 즉 정보수집 단계로서의 'assessment'와 가치부여나 판단과정으로서의 'evaluation'을 구분하고 있다. 따라서 그는 평가를 지칭하는 용어로 두 단어를 같이 사용(assessment and evaluation)하기도 한다.

결국 'assessment'의 사용은 평가의 행위에 있어 판단, 가치부여의 의미가 지금까지 우세하였지만 이제는 판단과 가치부여를 위한 정보자료의 다양한 수집과정을 평가의 의미로 재인식하는 경향을 반영하는 것이라 볼 수 있다. 따라서 많은 평가연구에서 정확한 판단과 가치부여를 위하여 다양한 방법, 맥락적 방법을 동원하여 실제상황(authentic) 평가를 시도하자는 의미이다(최유현, 2000). 얼마 전부터 수행평가가 강조되는 이유도 여기에 있으며, 이 책에서 다루고자 하는 러닝 포트폴리오 평가의 중요한 쟁점 역시 자료를 수집하는 전략과 무관하지 않다고 할 수 있다.

평가의 개념을 정보수집의 측면을 강조할 경우, 포트폴리오를 활용한 평가는 대단히 의미 있는 평가전략이 될 수 있다. 특히 러닝 포트폴리오의 평가는 학습활동의 생산물이라는 점에서 학습행위와 통합적 접근을 가능케 하므로 역동적인 학습전략으로도 기여할 수 있으며, 학습개선을 위한 평가전략으로도 그 가능성을 충분히 내포하고 있다.

여러 가지 단점이 있음에도 불구하고 러닝 포트폴리오의 가장 큰 장점은 자가평가에 있다고 할 수 있다. 러닝 포트폴리오 평가는 학습자로 하여금 그들의 학습활동에 대한 책임감을 갖게 하고, 소유의식, 자긍심, 자아존중을 격려하게 된다(Hart, 1994). 특히 러닝 포트폴리오는 성취하고자 하는 내용에 대한 자료의 선택, 평가의 준거, 자기반성의 증거물 등에 대한 이미 결정되어야 할 구체적인 지침을 정하는 데 참여할 수 있어야 하는데, 이는 학습자의 자기반성과 자료선택에 학습자를 참여케 함으로써 러닝 포트폴리오가 학습활동과 어떻게 통합되는지를 강조하는 것이라고 할 수 있다.

3) 러닝 포트폴리오 평가의 준거

러닝 포트폴리오 평가는 무엇보다도 타당성과 신뢰성을 증대시키기 위해 평가의 절차 및 방법을 보다 체계화하고 그에 입각하여 객관적이고 공정해야 한다. 일반적으로 러닝 포트폴리오의 평가는 개발 목적에 따라 달라질 수 있는데, 자기성찰 혹은 교류를 목적으로 한다면 굳이 평가가 필요 없지만 제3자 혹은 기관 등에서 학습자의 학습력 향상을 위한 노력의 정도를 평가하고자 할 때에는 러닝 포트폴리오 평가가 매우 중요하다고 할 수 있다.

일반적으로 러닝 포트폴리오를 평가할 때에는 평정표의 평가기준(점수 또는 척도 등)에 따라 평가한다. 하지만 이러한 평정표로만 평가를 하면 다소 직관적이고 주관적인 판단에 좌우되기 쉽다. 특히 러닝 포트폴리오 구성요소 여부에 따른 단순한 평정척도로 평가할 경우 자칫 러닝 포트폴리오의 질적 평가보다는 구성요소별 양적 평가에 치우치는 오류를 범하기 쉽다. 따라서 러닝 포트폴리오를 질적으로 평가하기 위해서는 보다 객관적이고 명세적인 평가준거, 즉 평가기준과 채점기준이 마련될 필요가 있다.

Hart(1994)는 포트폴리오 평가절차에 따라 반드시 구체화되어야 하는 것은 평가기준과 채점기준의 명세화라고 하였다. 이는 포트폴리오 평가의 신뢰도를 확보하기 위해서는 교수자의 주관적 판단보다는 증거자료를 객관적으로 판단할 수 있는 채점기준의 명세화가 전제되어야 한다는 것을 의미한다. 다시 말하면 평가준거(평가기준, 채점기준 등)가 명확하게 진술되고 공개되어야 참 평가가 가능하다는 것이다.

하지만 대부분의 평가도구에는 평가기준은 있지만 채점기준이 없는 경우가 많다. 따라서 구체적으로 명세화된 채점기준이 제시된다면 해당 증거들을 명확히 규정하여 객관화된 판단을 내릴 수 있다. 이는 수행중심평가가 갖고 있는 객관성 측면의 단점을 보완해 주며 학습자의 학습활동의 방향과 수준을 제시해 주는 역할을 한다. 따라서 객관적이고 신뢰할 수 있는 포트폴리오의 평가가 이루어지기 위해서는 목표와의 관련성, 균형, 효율성, 객관성, 신뢰성, 공정성, 구체성, 질문의 난이도, 질문의 변별력 등의 기준에 적합한 평가도구가 설계, 개발될 필요가 있다(최유현, 2000).

이러한 관점에서 일반적으로 Likert식 5점 척도에 따라 평가할 수 있는 평정표와 함께 앞장에 제시된 러닝 포트폴리오 개발단계와 관련지어 Hart(1994)가 제안한 포트폴리오 평가의 절차와 최유현(2000)의 연구결과를 기초로 설계, 개발된 러닝 포트폴리오 평가준거를 제시하면 〈표 1-3〉, 〈표 1-4〉와 같다.

〈표 1-3〉 러닝 포트폴리오 평정표(Likert식 5점 척도)

평가요소	평가척도				
	매우 만족	만족	보통	개선 필요	매우 불만족
Part 1. 개인정보 • 개인신상명세, 자기소개, 개인이력 등이 구체적이고 자세하게 제시 또는 기술되어 있는가?	⑤	④	③	②	①

Part 2. 학습활동 • 학습신념(철학), 학습목표, 학습방법, 학습내용, 학습활동, 학습결과 등이 구체적으로 제시되어 있는가?	⑤	④	③	②	①
Part 3. 학습 외 활동 • 동아리 및 학생회활동, 봉사활동 등이 포함되어 있는가?	⑤	④	③	②	①
Part 4. 성찰활동 • 학습목표, 학습과정, 학습결과에 대한 성찰이 구체적으로 기술되어 있는가?	⑤	④	③	②	①
Part 5. 기타 자료–권장요소 • 자신의 학습과정과 결과를 보여 줄 수 있는 기타 각종 자료 또는 결과물(증빙자료) 등이 첨부되어 있는가? • 자신의 이력 및 경력을 보여 줄 수 있는 기타 각종 자료 또는 결과물(증빙자료) 등이 첨부되어 있는가?	(가산점: / 5점)				
소계	점	점	점	점	점
합계	/ 25점				

〈표 1-4〉 러닝 포트폴리오 평가준거(rubric)

평가준거			평가기준	채 점 기 준	점수	의견란
준거	단계	구성요소				
1. 변화와 노력의 과정 (change and effort over time)	1단계		A (strong)	• 포트폴리오를 개발하는 과정에서 학습능력 향상을 위한 노력의 증거자료가 3개 이상에서 발견된다.	5	
			B (developing)	• 포트폴리오를 개발하는 과정에서 학습능력 향상을 위한 노력의 증거자료가 1~2개 발견된다.	3	

			C (not yet)	• 포트폴리오를 개발하는 과정에서 학습능력 향상을 위한 노력의 증거자료가 발견되지 않는다.	1
2. 포트폴리오의 독창성/충실도 (originality)	2 단계	P1 P2 P3 P5	A (strong)	• 포트폴리오의 구성요소별 증거자료가 독창적이며, 그 실행과정이 충실하다.	5
			B (developing)	• 포트폴리오의 구성요소별 증거자료가 독창적이나, 그 실행과정이 충실하지 못하다.	3
			C (not yet)	• 포트폴리오의 구성요소별 증거자료가 독창적이지 못하며, 그 실행과정도 충실하지 못하다.	1
3. 포트폴리오의 다양성 (diversity)			A (strong)	• 포트폴리오의 자료가 다양하고 포트폴리오 목적에 비추어 매우 적절하다.	5
			B (developing)	• 포트폴리오의 자료가 다양하지만 자료의 성격이 불분명하다.	3
			C (not yet)	• 포트폴리오의 자료가 빈약하고 자료의 성격이 불분명하다.	1
4. 포트폴리오 조직 · 구조화 (organization format and structure)			A (strong)	• 포트폴리오의 조직이 체계적이고, 잘 구조화되어 있으며, 증거자료 간의 관련성이 뛰어나다.	5
			B (developing)	• 포트폴리오의 조직이 체계적이고, 잘 구조화되어 있으나 증거자료 간의 관련성이 부족하다.	3
			C (not yet)	• 포트폴리오의 조직이 비체계적이고, 잘 구조화되지 못했으며, 증거자료 간의 관련성도 부족하다.	1
5. 자기성찰 (self-reflection)	3 단계	P4	A (strong)	• 포트폴리오의 개발과정에서 자기성찰이 잘 반영되어 있으며, 학습능력 향상을 위해 노력한 점이 충분히 발견된다.	5

		B (developing)	• 포트폴리오의 개발과정에서 자기성찰과 학습능력 향상을 위한 노력은 보이지만, 그 증거가 불충분하다.	3	
		C (not yet)	• 포트폴리오의 개발과정에서 자기성찰과 학습능력 향상을 위한 노력이 발견되지 않으며, 그 증거도 불충분하다.	1	
종합의견			총점	/ 25점	

〈표 1-4〉에서는 Hart(1994)가 제안한 평가준거에 기초하여 러닝 포트폴리오 평가준거(rubric)를 다음과 같이 제시하였다.

첫 번째 준거로서 Hart의 '변화과정(change over time)'의 항목을 '변화와 노력의 과정(change and effort over time)'으로 설정하였고, 러닝 포트폴리오를 개발하는 과정에서 학습능력 향상을 위한 노력의 증거자료 수(0~3개 이상)를 채점기준으로 제시하였다. 두 번째 준거로서 Hart의 세 번째 준거인 '문제해결의 증거(problem solving)' 항목을 '포트폴리오의 독창성(originality)' 항목으로 설정하여 러닝 포트폴리오의 구성요소별 증거자료의 독창성과 실행과정의 충실성을 채점기준으로 제시하였다. 세 번째 준거로서 Hart의 두 번째 준거인 '포트폴리오의 다양성(diversity)' 항목을 적용하여 러닝 포트폴리오 자료의 다양성과 목적에 따른 자료의 적절성을 채점기준으로 제시하였다. 네 번째 준거로서는 역시 Hart의 네 번째 준거인 '포트폴리오 조직 · 구조화(organization format and structure)를 적용하여 러닝 포트폴리오 조직의 체계성과 구조화, 증거자료 간의 관련성을 채점기준으로 제시하였다. 다섯 번째 준거로서는 Hart의 '자기반성(self-reflection)' 항목을 '자기성찰(self-reflection)'로 적용하여 러닝 포트폴리오 개발과정에서의 자기성찰의 반영 정도와 학습능력 향상을 위한 노력 등을 채점기준으로 제시하였다.

다음으로, 평가준거에 따른 단계별 러닝 포트폴리오 구성요소를 중심으로 평가기준을 제시하고 이에 따른 채점기준을 명세화하였으며, 체크리스트 형태를 보완하여 채점기준별 점수배점으로 A=5점, B=3점, C=1점을 부여토록 하였다. 그리고 각 평가준거별 의견란과 종합의견란을 마련하였으며, 각 평가기준별 점수를 합산하여 총점은 25점 만점으로 하였다. 따라서 본 평가기준에 따라 러닝 포트폴리오를 평가할 경우 100점 만점으로 환산, 적용 가능하다.

본 러닝 포트폴리오 평가준거는 러닝 포트폴리오 구성요소(Part 1~5)를 중심으로 앞에서 제시한 러닝 포트폴리오 개발단계별 순서에 따라 평가를 할 수 있다.

Tips 러닝 포트폴리오 자가평가하기

- 목표가 잘 제시되어 있는가?
- 학습과정과 이에 따는 노력과 발전 정도, 성과 등이 잘 드러나 있는가?
- 자신의 학습에 대한 반성적 진술이 포함되어 있는가?
- 자신의 성과(산출물)에 대한 자가평가가 들어 있는가?
- 다른 사람들(교수자, 동료 등)의 평가와 피드백이 들어 있는가?

5. e-러닝 포트폴리오

1) e-러닝 포트폴리오의 특징

e-러닝 포트폴리오는 문서기반 러닝 포트폴리오의 디지털화된 방식이라고

할 수 있다. 공학기술의 발달로 인해 학습의 과정과 결과를 전시하고, 공유하고 분석하는 형태가 다양해진 결과로, 누구나 어렵지 않게 선택할 수 있는 러닝 포트폴리오 형식의 한 가지라 할 수 있다.

e-러닝 포트폴리오는 개발 목적에 따라 혹은 활용한 공학기술의 종류에 따라 다양하게 정의할 수 있다. 대표적인 정의로 미국 교육부(U.S. Department of Education)가 지원한 ASH 프로젝트(Alphabet Superhighway)에서는 e-러닝 포트폴리오를 학생이 자신의 공부에 관한 성찰에 초점을 두고 웹상에서 만든 선택적이고 목적적인 활동모음집이라 정의하고 있다. 이는 학습, 성장, 변화에 초점을 둔 기록물들이며, 학생의 능력을 보여 줄 수 있는 유의미한 문서라는 것이다.

또한 e-러닝 포트폴리오는 학생, 학부모, 교사, 지역사회에 학생들이 학습했던 것이 무엇이고, 무엇을 할 수 있는지 등에 관한 정보를 알려 주는 도구로 보았다. 이 때문에 이 프로젝트에서 e-러닝 포트폴리오는 학습의 역사를 알 수 있는 것이라 보고 있다. 요약하면 e-러닝 포트폴리오는 학생의 학습, 성장, 변화에 초점을 두고 웹상에 구현한 학습활동모음집이라고 정리할 수 있을 것이다. 인터넷상의 포트폴리오 공유는 학생의 학습과정을 공공에 개방하는 셈이 된다. Yancey(2001)는 e-러닝 포트폴리오의 이러한 특성을 따서 '학습의 사회적 행위(social action)' 혹은 '학습의 상호작용성(interactivity)'이라 부르기도 한다.

다음으로, Lorenzo와 Ittelson(2005)는 e-포트폴리오는 개인, 그룹, 조직, 혹은 기관 등을 대표하는 성과, 자원, 전시물 등이 포함된 디지털화된 작품모음(a digitalized collection of artifacts)을 의미한다고 보았다. 이들이 생각하는 e-러닝 포트폴리오의 범위는 인터넷 매체 활용뿐만 아니라, 모든 형태의 디지털화된 도구를 활용하는 것을 포함하고 있기 때문에 가장 광범위한 정의로 볼 수 있다. 이 정의에 따르면 e-러닝 포트폴리오에는 디지털화된 작품을 모으되, 이러한 작품들을 문자 중심으로 만들거나 그림 중심으로 만들거나 혹은 웹사이트나 CD-ROM이나 DVD 등의 전자 매체 활용이 모두 가능하다. 두 번째 정의인 ASH 프로젝트에서의 정의와 유사하나 웹상에 구현되지 않은 디지털화된 자료를 포함하는 점에서 보다 포괄적인 정의라 할 수 있다.

이 외에도 e-러닝 포트폴리오의 정의를 협소한 범주로 제한할 것인가 광범위한 의미에서 시스템으로 이해할 것인가에 따라서도 협소한 정의와 광범한 정의로 분류할 수 있다.

먼저, 가장 좁은 의미에서 설명하면 학습자가 아는 것, 성취한 것, 할 수 있는 것 등을 보여 줄 수 있도록 문서나 기타 자료를 묶어 놓은 것을 인쇄자료가 아닌 디지털 형식으로 바꿔 놓은 것을 말한다. 이를 테면 바인더로 작성된 문서 기반 러닝 포트폴리오의 디지털화된 형태로 이해할 수 있을 것이다.

다음으로, 광범위한 의미로 이해할 때 학습자가 개인적으로 중요한 계획이나 능력이나 사건 등을 기록할 수 있도록 한 시스템, 이 기록들은 기타 다른 증빙자료로 연결될 수 있으며, 이에 대한 성찰을 증진시킬 수 있다. 학습자들이 개인적 자료를 가지고 기록하는 동안의 전 시간에 걸쳐 기관의 자료를 통합하도록 할 수 있으며, 결과물을 공유할 수 있어 피드백을 강화할 수 있다. 이는 다양한 형식으로 학습결과를 취합할 수 있는 도구이며, 광범위한 독자들에게 무수히 많은 이야기를 보여 줄 수 있으며, 누구와 어떤 목적으로 얼마나 오래 동안 공유할 것인지에 대해 사용자 통제가 가능한 시스템이라 할 수 있다.

2) e-러닝 포트폴리오의 장점

Rogers와 Williams(2001)는 러닝 포트폴리오의 이점에 더하여 e-러닝 포트폴리오의 추가적인 장점으로 효과성, 비동시적 접근성, 과정의 타당성, 적합성 등 네 가지 측면에서의 이점을 기술하였다. 이들에 따르면 러닝 포트폴리오는 학습성과의 범위에 있어서 학생에 대한 질 높은 정보를 제공하며, 그 기관의 고유성을 드러내 줄 수 있으며, 잘 설계된 러닝 포트폴리오는 교수자와 학생의 시간을 줄여 주고, 학생들이 스스로의 학습에 대해 성찰하도록 하며, 경력과 후속 교육을 준비하게끔 도와주는 이점이 있다.

이러한 포트폴리오의 장점에 더하여 e-러닝 포트폴리오가 갖는 장점으로는 첫째, 효율성의 측면에서 포트폴리오 시스템이 교수와 학생 모두에게 매우 귀찮은 일이라는 데 대한 대안이 될 수 있다는 것이다. e-러닝 포트폴리오 체제를 갖춤으로써 시스템관리 노력을 최소화하면서 접근, 보관, 열람, 학생평정이 용이해질 수 있기 때문이다. e-러닝 포트폴리오 구축을 통해 학생들이 학습성과 목록에 쉽게 접근할 수 있고, 채점기준을 쉽게 확인할 수 있고, 쉽게 질문을 올리고 답을 얻을 수 있게 될 것이다.

둘째, 비동시적 접근성으로, 웹기반 시스템에서 구축된 e-러닝 포트폴리오의 경우 학생과 평정자 모두 인터넷에 접속하기만 하면 장소와 시간을 불문하고 언제든 시스템에 접속이 가능하다는 점이다. 평정자가 복수일 경우 웹 시스템에서 평정자 간 신뢰도를 확인할 수도 있다는 측면에서도 장점을 갖게 된다는 것이다.

셋째, 과정의 타당성으로, e-러닝 포트폴리오 개발과정 중 필수요소를 결정하려 할 때, 그 필수요소들을 결정하는 과정에서 구축될 e-러닝 포트폴리오의 활용목적과 수집할 자료의 범위를 고려하여 효율성과 타당성을 높일 수 있는 방법을 고민하게 된다는 장점이 있다. 이를 위해서는 구축할 포트폴리오의 특성을 분명하게 하고, 학생들이 무엇을 하기를 원하는지, 그러한 기대를 하는 이유, 그리고 그 정보를 어떻게 활용할지 등을 명확히 하는 것이 필수적이다.

넷째, 적합성으로, 포트폴리오 설계의 어려움 중 한 가지는 포트폴리오 시스템이 다른 형식의 문서에도 적합하게 변환 가능하도록 개발하는 일이다. e-러닝 포트폴리오 시스템을 구축할 경우 기관 전체적으로 적용되는 시스템이라 하더라도, 개별 사용자들의 개별적 용도에 적합하게 변형 가능하도록 개발할 수 있다는 점에서 장점을 갖는다. 이러한 디지털 방식의 장점에 손쉬운 변형이 추가적으로 가능하게 된다면 e-러닝 포트폴리오 활용도는 더욱 커질 수 있다.

미국 ASH 프로젝트에서 제안하는 e-러닝 포트폴리오의 장점은 다음과 같이 요약할 수 있다. 첫째, e-러닝 포트폴리오는 능동적 학습을 촉진시킨다. 둘째, e-러닝 포트폴리오는 학생의 학습동기를 촉진시킨다. 셋째, e-러닝 포트폴리오는 학습과정을 피드백하는 수단이 된다. 넷째, e-러닝 포트폴리오는 학생수행에 관한 논의를 위한 수단이 된다. 다섯째, e-러닝 포트폴리오는 표준적 수행을 보여 줄 수 있다. 여섯째, e-러닝 포트폴리오는 접근성이 좋다. 일곱째, e-러닝 포트폴리오에는 다양한 매체를 담을 수 있다. 여덟째, e-러닝 포트폴리오는 수정이 쉽다. 아홉째, e-러닝 포트폴리오는 학생 학습의 상호참조가 가능하다.

또한 Batson(2002)은 학생들의 학습과정을 추적할 수 있기 때문에 학생과 교수자 모두에게 성찰의 기회를 제공할 수 있으며, 특정 교과목에서 많은 학생들의 학습결과물을 모아 학생들이 어떤 과정을 거쳐 학습목표를 달성하게 되었는지를 이해할 수 있게 하며 여러 교과목을 유사한 방식으로 평가할 수 있고, 같은 방식으로 전체 교육과정까지 확대하여 평가할 수 있는 장점이 있다.

Di Biase 등(2002)은 e-러닝 포트폴리오 개발이 단순히 자료를 취합하는 데에서 출발하여, 필요한 자료를 골라내고, 성찰하고, 최종 전시할 자료를 결정하는 과정을 경험하면서 자신의 학습에 대해 적극적인 태도를 학습할 수 있다는 점에서, 만들어 놓은 결과물보다 오히려 과정 측면에서 학습의 효과를 기대할 수 있다고 보았다.

3) e-러닝 포트폴리오의 제한점

여기에서는 미국교육협회(National Education Association)에서 문서기반 포트폴리오를 디지털 포트폴리오 형식으로 변경할 때의 유의사항을 제시한 내용을 중심으로 e-러닝 포트폴리오의 제한점을 기술하고자 한다.

e-러닝 포트폴리오의 첫 번째 제한점은 접근성 측면에서 한계가 있다는 점

이다. 러닝 포트폴리오 구축에 사용된 하드웨어와 소프트웨어를 교수자와 학생들 모두 갖추어야 비로소 접근이 가능해진다. 컴퓨터, 스캐너, 프린터 같은 기자재를 활용할 수 없는 상황을 상상하면 교수자와 학생 모두 e-러닝 포트폴리오 접근이 불가능해진다.

두 번째는 문서 기반 포트폴리오에 비해 필요한 장비 구축이 번거로울 수 있다는 점이다. 포트폴리오의 자료를 텍스트, 음성, 비디오, 이미지 등의 다양한 형식으로 저장하고 싶을 경우 상당히 복잡한 장비가 필요해질 수 있다는 것이다.

세 번째는 공간의 문제이다. 그래픽은 텍스트에 비해 더 많은 용량을 차지한다. 흔히 학교에서 제공하는 플랫폼에서는 대용량 파일을 첨부하기가 어려울 수 있기 때문에 e-러닝 포트폴리오 개발 시 파일 저장공간을 확인하고 충분히 마련하거나 주어진 용량을 고려하여 자료를 개발해야 한다.

네 번째는 노동의 크기이다. e-포트폴리오는 고도로 노동집약적이면서 시간 소모도 많이 필요로 한다. 학생들 각자에게 포트폴리오 작성을 위임하더라도 교수자가 전체과정을 유의하여 관리할 필요가 있다는 점에서 e-포트폴리오는 시간할애가 큰 작업이기도 한다.

다섯 번째는 행정적 측면에서 여러 가지 번거로운 고려가 필요하다는 점이다. e-포트폴리오를 시작할 때에는 여러 가지 행정적인 측면의 고려가 필수적이다. 예를 들면 저장공간을 확보하는 일, 업로드 할 파일의 형식을 결정해야 하고, 독자들이 답글을 적을 수 있게 할 것인지를 결정해야 하며, 프라이버시가 침해되지 못하도록 비밀번호나 보호망 장치를 할 것인지 등을 고려해야 한다.

4) e-러닝 포트폴리오의 구성요소

디지털 매체의 유형에 따라 학습의 과정과 결과를 조직하거나 성찰하기 위한 전략적 배치가 달라질 수 있다. 예를 들어 하이퍼텍스트 링크를 활용할 경우 포트폴리오 개발자는 물론 독자들에게도 학습이 구성되는 과정에 관한 정보를 공유할 수 있다. Zubizarreta(2009)는 다양한 러닝 포트폴리오 사례를 소개하면서 Albion College의 대학 4학년 동안 개발할 러닝 포트폴리오의 학년별 구성요소를 소개한 바 있다. 대학생활 동안 e-러닝 포트폴리오 개발 시 유의점들을 고려하면서 매년 구성요소들을 추가하거나 심화시켜 작성하는 것이 실질적으로 도움이 될 것으로 판단된다.

〈표 1-5〉 e-러닝 포트폴리오의 학년별 구성요소

학년	구성요소	개발 시 유의점
1학년	• 자가평가 연습 • 자가평가 성찰 진술문 • 학문적, 개인적, 전문분야, 각 측면의 목적, 구체적 목표, 실행계획 작성 • 교과목 이수계획 • 학생회 등의 활동 • 취미 • 관심사, 능력, 가치관 등 • 운동 • 비교과활동 • 자원봉사활동 • 교내외 고용활동 • 포트폴리오 개발계획표	• 메인화면: 자기소개 및 방문자에 대한 인사말, 포트폴리오에서 방문자들이 볼 수 있는 것들이 무엇인지 간략히 소개하는 글 • 학업활동: 학과 공부와 관련하여 성취했던 것, 계획하고 있는 것 소개. 가장 좋아하는 교과목이나 프로젝트를 통해 배운 것에 초점을 둘 것. • 학업 외 활동: 학교 외부활동에서 참여했던 것 소개, 흥미로웠던 경험에 초점을 둘 것. • 전문적 역량: 전문분야 기술과 능력에 대한 소개, 그것들을 학습했던 방법과 활용하는 방법, 특기사항 중 하나임을 강조할 것.
2학년	• 자가평가 연습 • 자가평가 성찰 진술문 • 학문적, 개인적, 전문분야 목적, 구체적 목표, 실행계획 작성 • 교과목 이수계획 • 핵심 교과목과 관련된 진보사항 • 학생회활동	• 메인화면: 자기소개 및 방문자에 대한 인사말 • 학업활동: 학과 공부와 관련하여 성취했던 것, 계획하고 있는 것 소개. 교과목이나 프로젝트에 초점을 두면서 전공분야가 무엇인지, 어떻게 그 전공을 선택하게 되었는지를 소개할 것.

	• 취미 • 관심사, 능력, 가치관 등 • 운동 • 비교과활동 • 자원봉사활동 • 교내외 고용활동 • 리더십 경험 • 전공분야에 관련된 진보사항 • 인턴십 경험 • 포트폴리오 개발계획표	• 학업 외 활동: 학교 외부활동에서 참여했던 것 소개. 흥미로웠던 경험에 초점을 두면서 학교 외부활동이 학문적 혹은 전문분야에 있어서의 성장에 어떻게 도움이 되었는지를 소개할 것. • 전문적 역량: 전문분야 기술과 능력에 대한 소개를 확장하여, 어떻게 그러한 능력을 얻게 되었으며, 어떻게 활용할 것인지를 기술할 것. 특히 자랑하고 싶은 능력에 초점을 두면서 전공분야 선택이 미래의 전문분야에 어떠한 영향을 미치게 될지를 소개할 것.
3학년	• 자가평가 연습 • 자가평가 성찰 진술문 • 학문적, 개인적, 전문분야 목적, 구체적 목표, 실행계획 작성 • 교과목 이수계획 • 핵심 교과목과 관련된 진보사항 • 학생회활동 • 취미 • 관심사, 능력, 가치관 등 • 운동 • 비교과활동 • 자원봉사활동 • 교내외 고용활동 • 리더십 경험 • 전공분야에 관련된 진보사항 • 학제 간 연구참여 경험 • 기관참여 경험 • 글쓰기 및 연구보고서 샘플 • 포트폴리오 개발계획표 • 인턴십 경험 • 기타 자료	• 메인화면: 자기소개 및 필요시 환영인사말 • 학업활동: 학과 공부와 관련하여 성취했던 것, 계획하고 있는 것 소개에 초점을 둘 것. 필요하다면 교과목이나 프로젝트에 초점을 두면서 전공분야가 무엇인지, 어떻게 그 전공을 선택하게 되었는지에 대한 소개 포함. 철학진술문 혹은 사명서 추가, 학제간 연구 혹은 기관 사업 참여에 초점을 둘 것. 학술활동 샘플을 제시할 것. • 학업 외 활동: 경험했던 학교 바깥 활동 전체를 되돌아본 후에 가장 큰 영향을 준 경험에 초점을 맞추어 기술할 것. 흥미로웠던 경험이나 학교 바깥 활동이 학문적으로나 전문분야 개발에 어떤 도움이 되었는지에 초점을 두고 소개 가능. 철학진술문과 사명서 추가할 것. • 전문적 역량: 전문분야와 관련된 기술과 능력 모두를 검토한 후에 특별히 중요한 몇 가지에 초점을 두고 소

<table>
<tr><td></td><td></td><td>개. 전공, 특히 자랑할 만한 기술이나 능력에 대한 성찰에 초점을 두어 소개. 철학진술문이나 사명서, 이력서 사본 추가하여 소개할 것.</td></tr>
<tr><td>4학년</td><td>• 자가평가 연습
• 자가평가 성찰 진술문
• 학문적, 개인적, 전문분야 목적, 구체적 목표, 실행계획 작성
• 교과목 이수계획
• 핵심 교과목과 관련된 진보사항
• 학생회 등 활동
• 취미
• 관심사, 능력, 가치관 등
• 운동
• 비교과활동
• 자원봉사활동
• 교내외 고용활동
• 리더십 경험
• 전공분야에 관련된 진보사항
• 학제 간 연구참여 경험
• 기관참여 경험
• 글쓰기 및 연구보고서 샘플
• 포트폴리오 개발계획표
• 인턴십 경험
• 기타 자료</td><td>• 메인화면: 자기소개 및 필요시 환영 인사말
• 학업활동: 학과공부와 관련하여 성취한 것, 계획하고 있는 것을 소개하는데 초점을 두고, 필요하다면 교과목이나 프로젝트를 중심으로 전공분야가 무엇인지, 어떻게 그 전공을 선택하게 되었는지를 소개함. 철학진술문 혹은 사명서 추가, 학술활동 샘플 제시할 것. 학제 간 연구 혹은 기관사업 참여에 초점을 둘 것. 학내외 프로그램 참여 경험 혹은 인턴십 경험에 초점을 둘 것.
• 학업 외 활동: 경험했던 학교 외부활동 전체를 되돌아본 후에 가장 큰 영향을 준 경험에 초점을 맞추어 기술할 것. 흥미로웠던 경험이나 학교 외부활동이 학문적으로나 전문분야 개발에 어떤 도움이 되었는지를 중심으로 소개 가능. 철학진술문과 사명서 작성 완료.
• 전문적 역량: 전문분야와 관련된 기술과 능력 모두를 검토한 후에 특별히 중요한 몇 가지에 초점을 두고 소개. 전공, 특히 자랑할 만한 기술이나 능력에 대한 성찰에 초점을 두어 소개. 철학진술문이나 사명서, 이력서 사본 추가하여 소개할 것. 학내외 프로그램 참여 경험 혹은 인턴십 경험에 초점을 둘 것. 다음 단계를 위한 계획이 무엇인지를 제시.</td></tr>
</table>

5) e-러닝 포트폴리오의 단계별 개발과정

e-포트폴리오 개발의 과정과 절차는 포트폴리오의 목적에 따라 다양할 수 있다. 여기에서는 학습을 목적으로 하는 e-러닝 포트폴리오에 초점을 두고 Di Biase 등(2002)이 제안한 5단계 개발과정을 소개하고자 한다.

e-러닝 포트폴리오 개발의 첫 번째 과정은 자료수집 단계로, 학생이 교수자의 도움을 받아 일상적 학습에서의 성취를 증명할 수 있는 학습성과물(과제, 발표물 등)을 수집하는 과정을 거친다.

두 번째 과정은 자료선정의 단계로, 특정 평가기준의 성취나 특정한 기능의 습득을 보여 줄 수 있는 증빙자료들을 추려내어 포트폴리오에 잠정적으로 포함시킬 수 있는 자료를 골라낸다.

세 번째 과정은 성찰의 단계로, 학습자가 성찰을 통해 자신의 학습을 점검하고 평가해 보는 과정이다. 교육목적과 평가기준을 달성하였는지, 장차 현장에서 필요한 기능을 이해하고 숙달하였는지를 스스로 판단하고 평가하는 과정이다.

네 번째 과정은 학생이 교수자의 도움을 받아 최근 성취 혹은 교육성과물을 평가기준이나 수행지표에 비추어 비교해 보는 과정이다. 그런 다음 학습목표를 정하거나, 실행계획을 세우게 된다. 이 단계는 포트폴리오 개발과 평생학습체제와 관련된 자기개발계획(personal development planning: PDP)과 연결되어 있다.

다섯 번째 과정은 학생들이 만든 e-포트폴리오를 교수자들 혹은 동료들에게 공개하도록 하는 단계이다. 이 과정은 협동학습을 향상시키고, 자가평가 및 동료평가를 촉진하며, 개인발달계획과 평생학습에 대한 동기를 북돋우는 효과가 있다.

제2장

러닝 포트폴리오의 실제

1. 러닝 포트폴리오 개발사례 1
2. 러닝 포트폴리오 개발사례 2
3. 러닝 포트폴리오 개발사례 3
4. 러닝 포트폴리오 개발사례 4
   – 대학교육인증 학생 포트폴리오 개발의 실제

이 장에서는 A대학교에서 최우수상과 우수상을 수상한 학생들의 러닝 포트폴리오 개발사례[1]와 B대학교에서 대상을 수상한 학생의 러닝 포트폴리오 개발사례[2]를 차례로 소개한다.

1. 러닝 포트폴리오 개발사례 1

1) 개인정보(나를 논하다)

첫째, '나를 논하다.' 파트에서는 나의 신상명세와 자기소개서, 개인이력 세 부분으로 나누어 구성하였다. 나의 신상명세 부분에서는 나의 이름을 새로운 시각으로 보아 한자 뜻풀이를 나름대로 하여 좀 더 독창적으로 어필하기 위해 노력하였다. 또한 나의 모토를 중앙에 배치하여 나의 포부를 나타냈다. 포트폴리오의 첫 장이기 때문에 간결하고 깔끔하면서 중요한 내용이 한눈에 보일 수 있도록 하였다.

둘째, 자기소개서에서는 '20대 나만의 무대를 세워라.'라는 제목으로 자기

---

1. 이 사례들은 A대학교에서 실시한 2010년 러닝 포트폴리오 개발 지원 사업에서 최우수상을 수상한 김효주(사범대학 교육학과 3) 학생과 우수상을 수상한 곽범덕(사범대학 교육학과 4) 학생의 러닝 포트폴리오 개발 노하우와 2011년도 러닝 포트폴리오 개발 지원 사업에서 최우수상을 수상한 서정은(인문대학 한국문화정보학과 4) 학생의 러닝 포트폴리오 개발사례를 소개한다. 문서기반의 바인더형 러닝 포트폴리오는 내용 전체를 소개하기에는 여러모로 한계가 있으므로 여기에서는 러닝 포트폴리오 구성요소(개인정보/학습활동/학습 외 활동/성찰활동/기타 자료)를 중심으로 소개한다.
2. 이 사례는 B대학교에서 실시한 2011년 포트폴리오 경진대회에서 대상을 수상한 김재훈(에너지 · 신소재 · 화학공학부 4) 학생의 포트폴리오 개발사례로, 공학교육인증에서 요구하는 학생 포트폴리오를 개발하는 데 도움이 될 것이다.

소개서를 썼다. 분량 제한이 없는 자유로운 자기소개서이기 때문에 내용도 섹션을 나누어서 기술하였고, 그에 따른 사진들도 첨부하여 자기소개서를 읽는데 지루하지 않도록 잡지형식으로 구성하였다. 사람을 향하다, 청년다운 열정, 사회라는 곳의 첫 문턱 대학교 이 세 가지 섹션으로 나누어 작성해 보았다.

셋째, 개인이력인 '나의 歷史' 부분은 학력, 수상경력, 수료경력, 자격증, 활용능력 등을 포함하였다. 이러한 이력부분은 뒤쪽에 증빙자료로 첨부하였다.

이번 러닝 포트폴리오 기회를 통해 각종 상장들과 자격증을 파일화하는 작업을 할 수 있어서 너무나 좋았다. 평소에 시간이 없다는 이유로 미루기 마련인데, 이러한 기회를 잘 활용하여 정리해 둘 수 있었다.

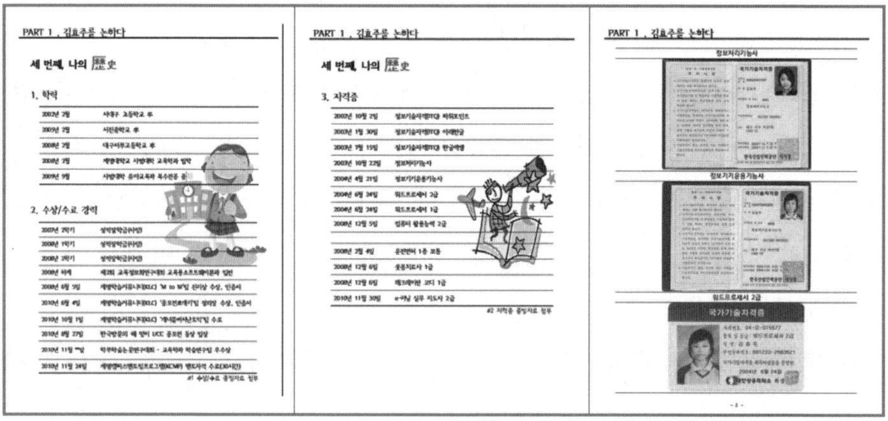
PART 1 . 김효주를 논하다

세 번째, 나의 歷史

1. 학력

2. 수상/수료 경력

3. 자격증

정보처리기능사

정보기기운용기능사

워드프로세서 2급

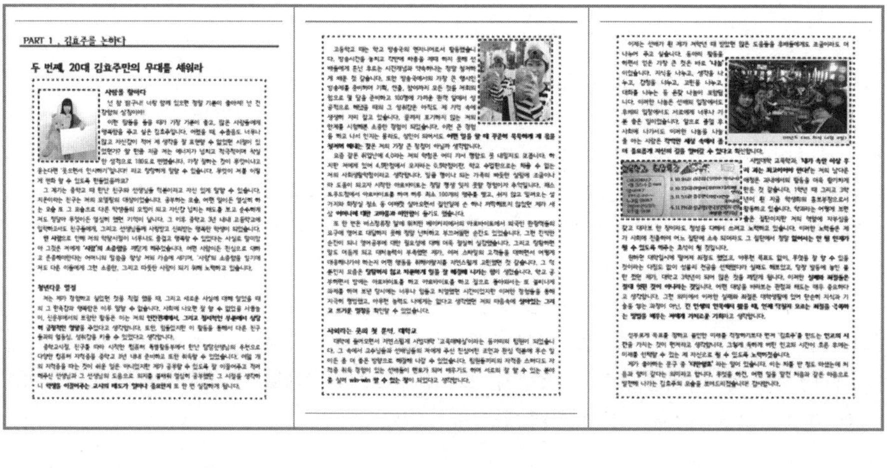
PART 1 . 김효주를 논하다

두 번째, 20대 김효주만의 무대를 세워라

사람을 향하다

청년다운 열정

사회라는 곳의 첫 문턱, 대학교

본 포트폴리오에서 가장 주목할 점은 내가 정한 포맷(format), 즉 틀이다. 예를 들어 Part 1. '나를 논하다.'의 내용을 쓸 때 반드시 그 형식에 맞추어 내용을 쓰는 것이다. 조금 귀찮은 작업일 수 있겠지만 일관성 있는 포트폴리오를 만들기 위해서는 꼭 필요한 작업인 것 같다. 이는 내용을 미리 분류하는 작업도 될 뿐만 아니라 포트폴리오의 어떤 페이지를 펴더라도, 이것이 예를 들어 학습에 관련된 내용인지, 학습 외 활동에 관련된 내용인지를 한눈에 알아볼 수 있다는 장점이 있기 때문이다.

2) 학습활동(나의 학습성장기)

학습성장기 파트에서는 구성요소에 따라 내용을 충실하게 구성하려고 노력하였다. 첫째, 학습철학은 초, 중, 고등학교를 지나오면서 그리고 대학교 3년을 공부하면서 느낀 학습에 대한 이야기를 써 보았다. 교육학도로서 한 번쯤은 생각해 보았을 문제였기 때문에 평소에 갖고 있던 생각을 정리할 수 있었다.

둘째, 학습목표는 대학생활 1~4학년까지 내가 목표하는 부분을 목록화하여 한눈에 볼 수 있도록 하였다. 또한 대학생활을 넘어서 1년 후, 3년 후에는 어떤 것을 이루겠다는 목표도 같이 적어 보았다. 셋째, 학습방법은 나만의

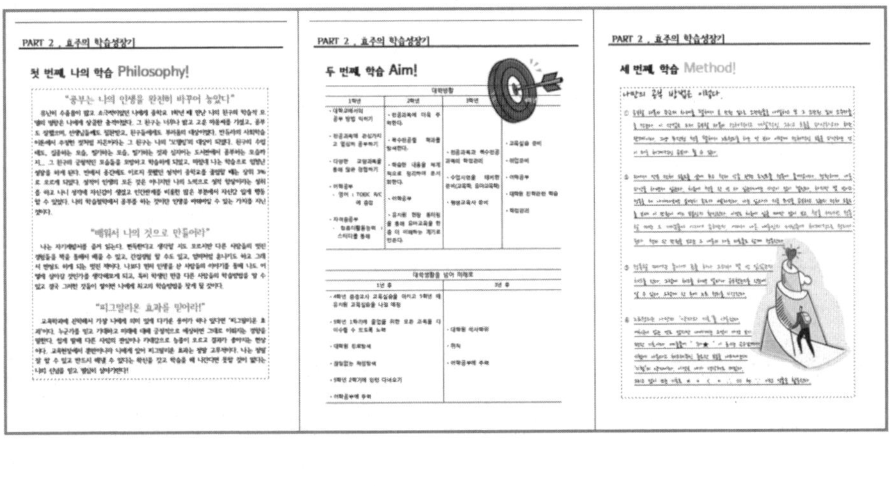

공부방법을 네 가지로 압축하여 적어 보았다. 공부를 해 오면서 터득한 나만의 방법이라든지 학습기술들을 생각해 보았다.

넷째, 학습내용은 각 학년마다 1학기, 2학기로 나누어 어떤 과목을 이수했으며 그 과목의 내용은 어떠한지 간략하게 서술하였다. 다섯째, 학습활동은 '스터디활동' '튜터링활동' 등이 있으며 튜터링을 할 때 썼던 관찰기록일지도 첨부하였다. 아래 표의 세 번째 칸과 같은 식으로 표시를 해 준다면 첨부자료가 어떤 것을 증빙하는 자료인지 쉽게 알 수 있다.

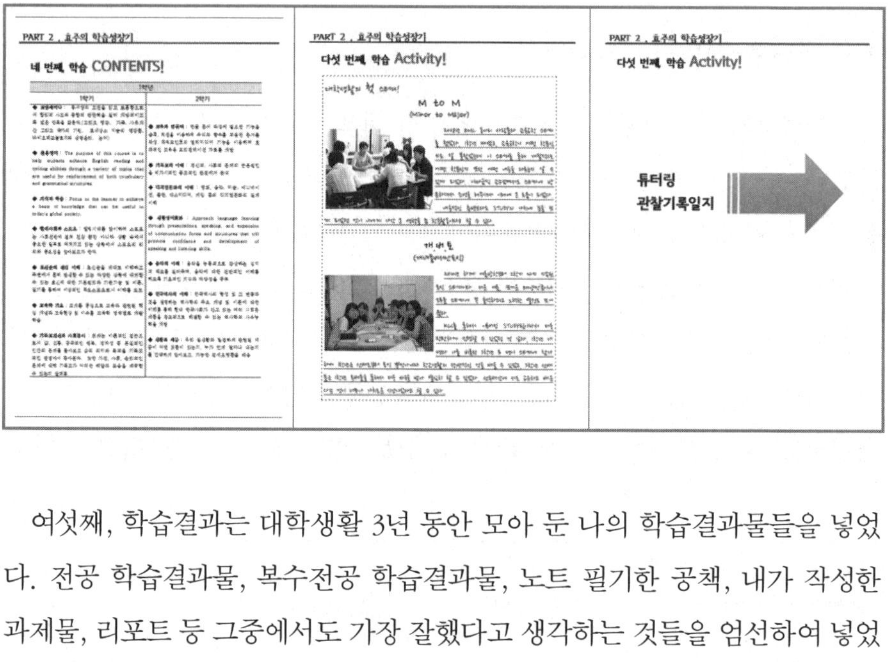

여섯째, 학습결과는 대학생활 3년 동안 모아 둔 나의 학습결과물들을 넣었다. 전공 학습결과물, 복수전공 학습결과물, 노트 필기한 공책, 내가 작성한 과제물, 리포트 등 그중에서도 가장 잘했다고 생각하는 것들을 엄선하여 넣었다. 일곱째, 학습평가는 이때까지의 이수학점과 성적을 표로 나타내었다. 또한 각 학년별 성적이라는 표를 더 만들어 각 학년에서 어떤 과목을 이수하였는지, 그리고 그에 대한 평가결과를 표시하였다. 다음 페이지 표의 가장 오른쪽에 있는 자료는 '교육학교육론'이라는 수업에서 내가 시연했던 수업에 다른 학우들이 피드백을 해 준 것이다. 게시판에 올려져 있던 것을 정리하여 표기하였고 나의 수업 동영상에서 캡처하여 사진으로 자료에 첨부하였다.

이 외에도 학부논문대회를 위해 준비했던 논문 등 다양한 학습에 관련된 자료들을 첨부하였다.

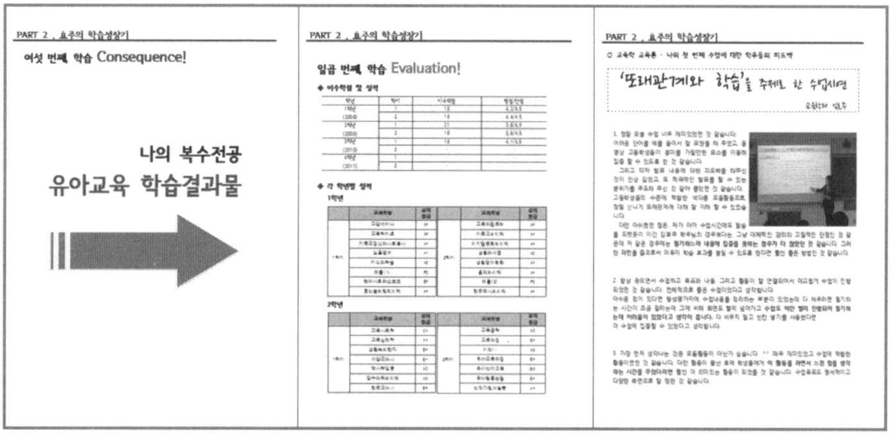

3) 학습 외 활동(가슴 뛰는 삶을 사는)

이 파트는 학습 외 활동부분으로, 내가 경험한 다양한 활동들을 글과 사진으로 소개하였다. 이 파트도 또한 같은 형식으로 내용만 바뀐다.

동아리활동과 학생회활동은 대학생활에서 꼭 해 볼 만한 가치가 있는 활동인 것 같다. 여러 사람을 만나면서 그 속에서 사회생활을 경험해 보고 대인관계를 넓힐 수 있는 좋은 기회로 만들 수 있기 때문이다. 또한 여러 가지 활동 중에서 빼놓을 수 없는 봉사활동! 교육학과의 특성을 살린 교육봉사활동을 비롯하여 해외 봉사활동에 이르기까지, 봉사활동에 가게 된 계기부터 가서 어떤 것을 실천하고 배우고 왔는지 수기로 작성해 보았다. 물론 사진도 필수적으로 넣었다. 또한 학생상담부에서 개최하는 우리 학교 신입생들과 3, 4학년 선배들이 2인 1조가 되어 멘토링을 하기도 했다.

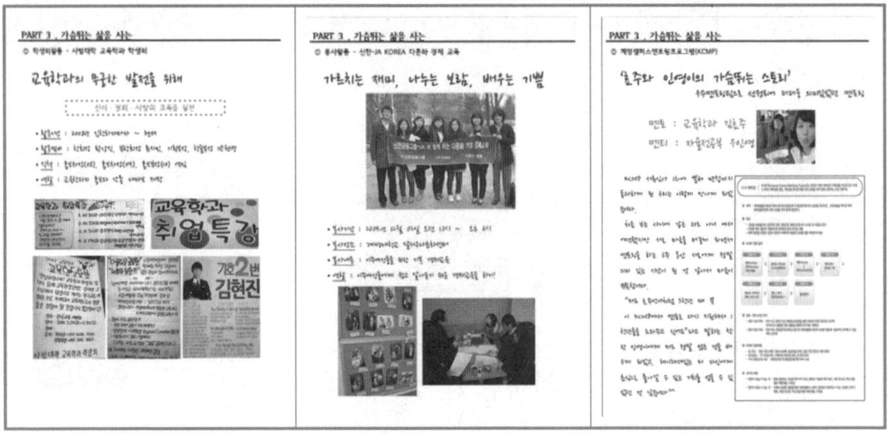

전국 소프트웨어공모전, 한국방문의 해 UCC 공모전, 녹색실천 그린캠퍼스 UCC 공모전 등 각종 공모전에도 도전한 것을 포트폴리오에 담았다. 작품설계서, 결과물 등도 첨부하였다.

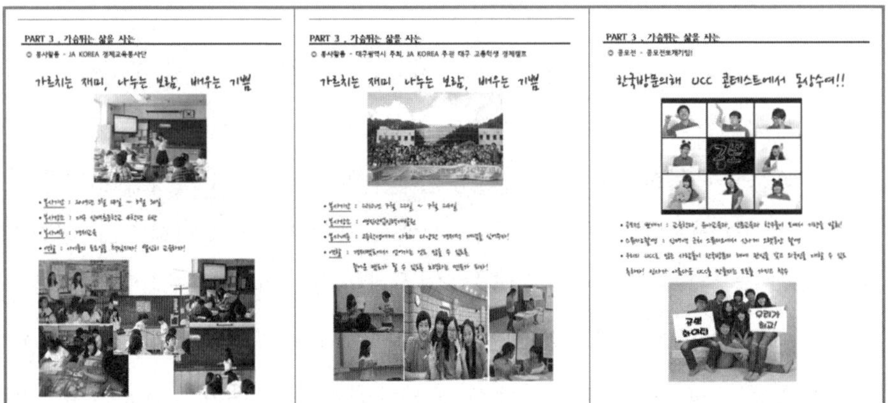

4) 성찰활동(반성적 사고 키우기 대작전)

학습성찰 파트에서는 학습결과, 학습과정, 학습목표에 대한 성찰을 각각 기술하였다. 학습결과에 관해서는 나의 학점에 대해서 그리고 그러한 학점을 받은 이유와 앞으로의 결의 등을 담았다. 학습과정에 관한 성찰에서는 나의 학습방법과 태도, 활동 등에 대해 성찰해 본 것을 담았다. 학습목표에 관한 성찰에서는 PART 2에서 세운 학습목표를 성취하였는지 여부를 판단하고 앞으로 목표를 설정할 때 주의해야 하는 사항들을 성찰해 보았다.

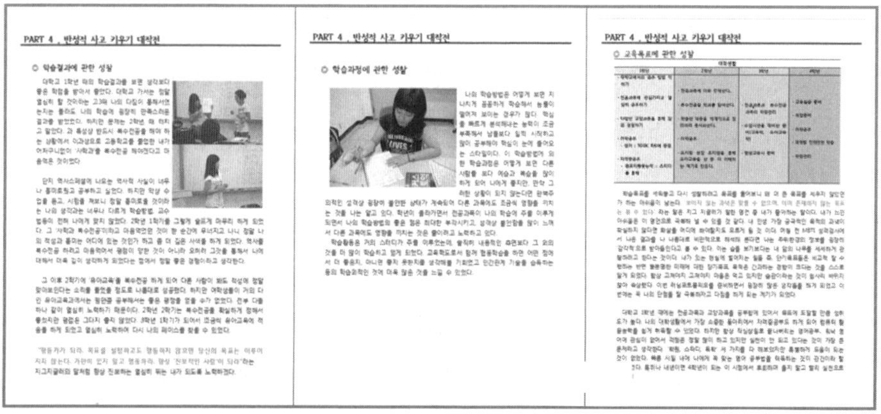

PART 4 . 반성적 사고 키우기 대작전

○ 학습결과에 관한 성찰

PART 4 . 반성적 사고 키우기 대작전

○ 학습과정에 관한 성찰

PART 4 . 반성적 사고 키우기 대작전

○ 교육목표에 관한 성찰

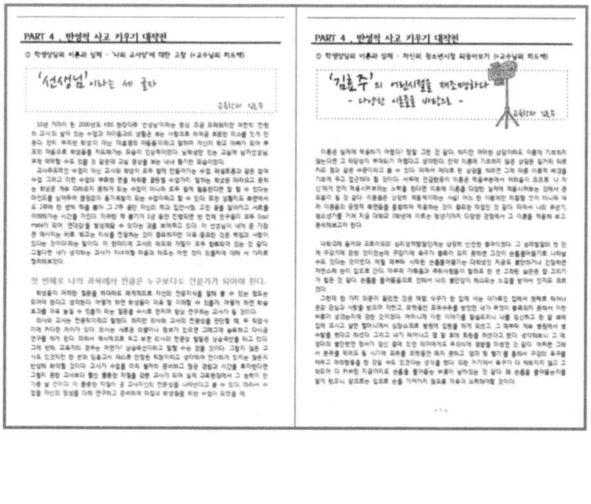

PART 4 . 반성적 사고 키우기 대작전

PART 4 . 반성적 사고 키우기 대작전

또한 나의 교사상에 대한 고찰, 청소년 시절 되돌아보기라는 과제물에 대해 교수님들이 주신 피드백도 넣었다.

5) 기타 자료

기타 파트에서는 위의 PART들과는 관련이 없는 내용으로 아르바이트 경력 등을 기록하였다. 아르바이트 경험 또한 소중한 경험 중 하나이므로 넣어 보았다. '경험의 한계가 지식의 한계이고 지식의 한계가 판단의 한계다.' 라는 말도 있듯 다양한 경험으로부터 얻는 소중한 지식으로 올바르게 판단하는 대학생이 될 수 있도록 노력하겠다.

2. 러닝 포트폴리오 개발사례 2

1) 개인정보

Contents

1. Profile
2. Resume
3. Self-introduction

포트폴리오의 첫 시작이니 만큼 많은 공을 들이게 되었다. 무엇보다 중점을 두고 제작했다. 일단 첫 페이지라는 이유도 있겠지만, 무엇보다 포트폴리오

안에 담겨 있는 내용을 축약해야 하는 부분이기 때문에 다른 부분을 제작할 때보다 소요시간도 다소 많이 걸렸으며 최대한 나의 모든 것을 보여 주기 위해 노력했다.

(1) Profile–명장들도 처음에는 아마추어다!

이 부분에서 내가 가지고 있는 디자인적인 부분을 부각시키고자 하였다. 시각적 호감을 강조하기 위해 시도하였으며, 내 생활의 모토인 '명장들도 처음에는 아마추어다!'를 어필하고, 정형화된 모습보다는 비정형화된 글자의 배치와 익살스런 사진을 배치함으로써 더욱 내용이 도드라질 수 있도록 노력하였다. 현재 활동하고 있는 블로그나 카페 정보를 수록하였으며, 자세한 내용은 다음에 이어질 이력서와 중첩되는 내용이 많아 대부분 생략하였다.

(2) Resume

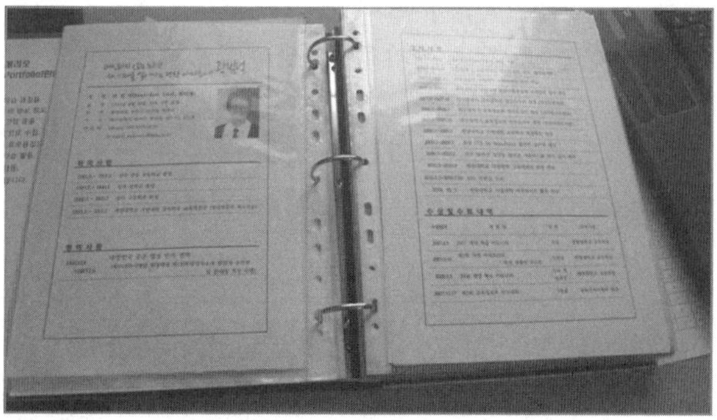

나를 알리는 데 가장 큰 목적이 있는 만큼 이 부분에서 특히 주안점을 둔 것은 최대한 다양한 정보들을 다양한 틀 안에서 제공하는 것이었다. 디자인적인 요소들을 전면 지양하고, 텍스트 위주의 정보들을 제공하였다. 이를 통해 보다 신뢰감 있는 내용이 될 수 있도록 의도하였다. 내용은 인적사항, 학력사항, 병역사항, 경력사항, 수상 및 수료내역, 학습 외 활동(경험사항/봉사활동), 자격사항, 그리고 보유 Skill로 세분화하여 기록하였다.

(3) Self-instroduction

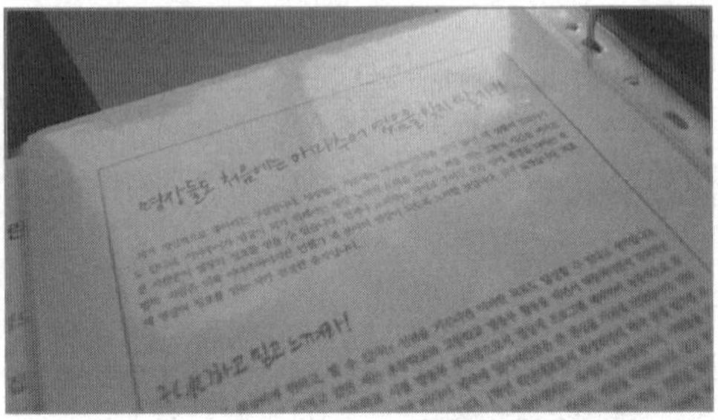

자기소개서를 작성하면서 가장 어려웠던 점은 나를 어떻게 소개할 수 있는 것인가에 대한 고민이었다. 읽는 사람으로 하여금 감동하게 할 수 있는 자기소개서를 쓰라는 말은 많이 들었지만 어떻게 감동시킬 것인가에 대해 많은 고민을 했다. 자기소개서 안에서 '구하고 믿고 느껴라.' '협동, 차이, 소통' '한계를 뛰어 넘다.' '열린 경쟁력을 창출하다!'로 세분화하여 내용을 구성하였다. '구하고 믿고 느껴라!' 부분에서 성장 배경을 간략하게 소개하고, 현재의 내가 있기까지 겪었던 일들을 개괄적으로 제시하였다. '협동, 차이, 소통' 파트에서는 동아리활동을 하면서 경험하고 배웠던 내용들을 수록하였으며, '한계를 뛰어 넘다.'는 그동안 경험한 공모전 위주로, 그리고 '열린 경쟁력을 창출하라!' 부분에서는 나의 가능성과 포부를 밝히는 것으로 자기소개서를 작성하였다.

2) 학습활동

Contents

1. Philosophy
2. Aim
3. Method
4. Consequence

학습철학과 장/단기목표 등을 기술하는 부분이다 보니 생각해 보지 않았던 내용들을 생각해 나가야 하는 문제상황이 도출되었다. 그동안 내가 어떤 일을 함에 있어서 구체적인 장/단기목표보다는 추상적이고 비정형화된 막연한 목표를 가지고 삶을 살아왔다는 것을 새삼스레 느낄 수 있었다. 이번 포트폴리오를 계기로 다양한 목표를 살펴보게 되었고, 오직 나 자신만이 나를 바꾸고 구성할 수 있다는 사실을 알 수 있었다.

(1) Philosophy

학교에 들어온 지도 벌써 8년이 지났다. 2003년도에 멋도 모르는 신입생으로 입학한 것이 벌써 8년이다. 그 사이에 군대도 다녀오고 휴학도 하면서 다양한 경험을 했지만 생각지도 못했던 부분이었다. 내 철학이란 무엇일까…. 그러고 보니 대학생활 동안 내 학습의 철학이라는 것을 생각해 본 적이 없었다. 심지어 교육철학 수업을 듣는 동안에도 그런 생각을 해 본 적이 없었다. 막막했다. 난 어떤 철학으로 학습을 해왔을까. 생각해 보니 없었던 철학을 마치 해 온 것처럼 한다는 것도 우스운 일이었다. 해서 앞으로의 학습철학에 대해서 생각해 보니 의외로 간단했다. 내가 해 왔던 실수들을 바로 잡고 앞으로 개선해 나가야 한다는 것이다. 때문에 생각했다. 오직 나 자신만이 나를 변화시킬 수 있다. 이것이 정답이 아닐까. 변화의 중심에는 언제나 내가 있었고, 내가 있고, 또 내가 있을 것이기 때문에.

(2) Aim

학습목표라는 것은 교생실습을 하면서 수도 없이 써 왔던 내용이다. 하지만

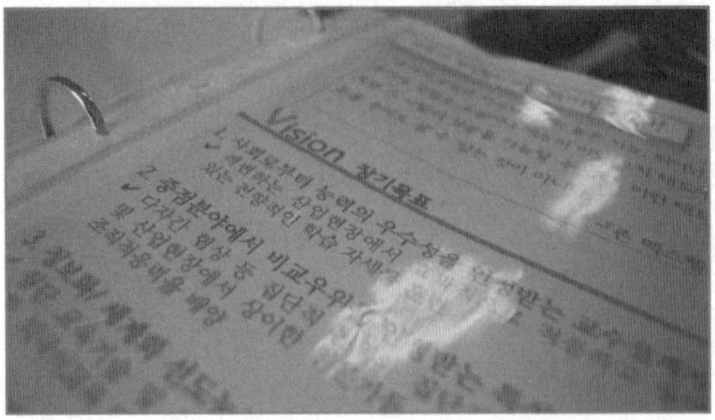

막상 내 목표가 무엇인지 생각하니 참으로 우스웠다. 내 공부에 목표는 없었다. 꿈은 있었지만 구체화된 목표는 없었다. 학습목표를 배워 온 교육학도로서 창피하기도 한 일이었다. 일단 내 꿈을 구체화시켜 보았다. 교수학습지원센터에서 제시한 내용을 충실히 구성하기 위해 제공된 책자를 꼼꼼히 살피어 내 목표를 구성해 나갔다. 목표를 장기와 단기로 구분하고, 단기목표는 대학생활 내의 목표를, 장기목표는 내 꿈을 이루기 위한 비전을 구성했다. 도덕적이고 실천적인 교수설계분야의 인재로 성장. 이 얼마나 거창한 목표인가?

(3) Method

나만의 독특한 학습방법을 구성하는 것보다는 내가 어떤 과목을 들었는지 되돌아보고, 그 과목들을 통해 내가 배울 수 있는 내용들을 다시 구성하는 것이 더 좋을 것 같다는 생각이 들었다. 학습방법보다는 학습내용으로 재구성하였다. 학습내용 내부구성은 교육학전공을 하며 배웠던 내용과 영어영문학과 복수전공을 하면서 배웠던 내용을 토대로 작성하였다. 해당 수업의 수업목표를 토대로 재구성하여 목록화하였으며, 수업을 통해 배울 수 있는 것들을 개괄적으로 제시하였다.

(4) Consequence

이 부분은 학습을 하면서 내가 작성했던 리포트, 교육학 과목을 수강하며 제출했던 과제들, 교생실습을 통해 작성했던 지도안 등 다양한 내용들을 목록화하였다. 이 부분에서 가장 문제가 됐던 점은 자료의 양이 많다 보니 첨부자료의 양이 너무 많아져 버린 것이었다. 처음 계획과 틀어지기 시작한 것이 이 부분부터였다. 하지만 이 부분을 생략할 수 없기 때문에 무리를 해서라도 첨부할 수밖에 없었다. 초기에 목적했던 것과 다소 멀어진 듯해 많이 아쉬웠다.

3) 학습 외 활동

Contents

1. Career
2. Award
3. Experience
4. Volunteer

가장 문제가 많이 되었던 부분이다. 애초에 Activity를 구성할 때에는 동아리활동, 학생회활동, 연수과정, 인턴과정으로 구분지어 자료를 정리하고 있었다. 하지만 문제는 그동안 활동했던 사항들을 정리하면서 불거졌다. 다방면의 활동자료들을 네 가지 목차로 구분짓지 못하였을 뿐만 아니라 활동자료들을 따로 정리할 수 있는 방법이 없었다. 때문에 다시 목차를 경력, 수상경력, 경험사항, 봉사활동으로 구분짓고 분류하였다. 경험사항을 삭제하려 고려하였으나 해당부분을 삭제한다면 내가 활동한 자료들을 보여 줄 수가 없었다. 때문에 바인더를 2권으로 늘이는 강수를 두더라도 해당 부분을 삭제할 수가 없었다. 내가 상을 못 받았다고 해서 내 경험사항들이 없어지는 것은 아니니까. 또한 내가 상을 받지 못한 것보다 상을 받지는 못하였더라도 많은 것을 얻을 수 있었던 이러한 자료들을 그냥 버린다는 것은 나 자신에 대한 배신일 뿐 아니라 주변에서 도와준 사람들을 배신하는 일이었다.

(1) Career

난 생각보다 대학생활을 하면서 학습적인 능력보다는 다양한 학습 외 활동을 한 경향이 있었다. 이 부분에서는 내가 그동안 해 왔던 동아리활동, 학생회활동, 재직경력, 인턴경력, 특강경력 등을 수록하여 내가 활동해 온 모습을 보여 주고자 하였다. 아쉬운 점이 있다면 활동했던 모습들을 단순히 개괄적으로 나열하는 형식을 취하였다는 것이다. 활동을 통해 얻을 수 있거나 반성할 수 있는 성찰내용을 생략한 채 진행한 부분이 아직도 아쉽다.

(2) Award

대학생활 중에 경험한 다양한 공모전에서 거둔 성과들을 한곳에 정리해 보았다. 제작과정과 제작후기, 제작의도 등 다양한 정보들을 수록하고 있다. 교육용 소프트웨어 제작분과, 교육캠페인 영상부분 공모전, UCC 제작공모전 등

대외 수상경력뿐 아니라 교내에서 실시했던 학습커뮤니티, 파워포인트 템플릿 공모전 등 교내수상 경력자료들도 일목요연하게 정리하였다. 하지만 공모할 당시에 작성한 내용들이 워낙 많아 줄이기는 쉽지 않았고, 모든 자료들을 첨부하니 양이 너무 많아진 단점이 있었다. 보다 효율적 관리를 위해 CD를 첨부하는 등의 방법을 생각해 볼 수 있다.

(3) Experience

생각해 보면 경험사항이라고 거창한 것은 아니다. 대부분이 도전했으나 실패했던 것들이다. 예를 들어 사범대학 학생회장 선거에서 낙선한 내용이라든지, 탈락한 공모전의 내용들을 첨부하였다. 낙선하거나 탈락한 것은 실패를 한 경험들이다. 이러한 경험들이 다소 부끄러울 수는 있지만 흠이 되지는 않는다고 생각했다. 개인적으로 많은 것을 얻고 변화할 수 있는 계기가 되었기 때문에 버려서는 안 될 자료라 생각했다.

(4) Volunteer

대학생활 중에서 중요한 부분 중의 하나는 봉사활동 경험이라고 생각한다. 사회에 봉사할 수 있는 마음가짐이야말로 대학생이 되었을 때 가져야 할 중요

한 마음가짐이자 덕목이다. 대학에서 배운 지식을 사회로 환원한다면 지역사회에 큰 도움이 될 뿐 아니라 나에게도 중요한 경험이자 도움이 되는 일이다. 대학생활을 통해 해왔던 해외 봉사활동, 경제교육봉사활동, 시민환경구조단 활동 등 활동내역들을 정리하였다. 하지만 제작시간이 너무 촉박하다 보니 성찰활동이 빠져 많은 아쉬움이 남는다. 추후 수정, 보완해야 할 부분이다.

4) 성찰활동

솔직하게 말하면 이 부분은 빼고 싶었다. 나 자신을 성찰하고 분석한다는 것은 여간 어려운 일이 아니었다. 어설프게 분석하는 것보단 차라리 빼는 것이 좋겠다고 생각했다. 하지만 포트폴리오 마무리 작업을 위해 동아리 친구들과 동아리방에 모여 밤을 새워 가며 작업을 하면서 의견공유를 할 때에 나왔던 의견들은 이 부분을 빼고 갈 수 없다는 것이었다. 이 부분이 포트폴리오에서 가장 중요하게 강조되었던 부분이기 때문에 어설프더라도 꼭 짚고 넘어가야 한다는 부분이라는 의견이 많았다. 때문에 어떻게 진행할지, 무엇을 해야 할지에 대한 고민이 많았다. 색다른 방법이 없을까, 쉽게 보여 줄 수 있는 방법이 없을까 많은 고민을 해야 했고, 쉽사리 끝나지 않았다. 포트폴리오 작업에서 가장 어려운 부분이었다. 반면 가장 뜻깊은 부분이기도 했다. 지금까지 살면서 나 자신을 되돌아볼 수 있는 시간이 많지는 않았다. 또 정확하게 분석하기 위해 노력하지도 않았다. 나는 어떤 사람인가, 어떤 목표를 달성하기 위해 얼마만큼의 노력을 해왔는가. 이러한 주제로 고민을 하다 보니 나 자신을 되돌아보게 되었고, 그동안의 내 생활패턴에 얼마나 문제가 많았는지 다시 한 번 생각해 보게 되었다. 이번 포트폴리오를 통해 가장 크게 얻은 수확이라면 나 자신을 되돌아볼 수 있고, 나 자신을 스스로 평가해 볼 수 있는 기회가 되었다는 것이다. 가장 크게 중점을 두었던 것은 나 자신을 평가한 내용이 한눈에 들어오게 하는 것이었다. 하지만 텍스트로 나 자신을 분석적으로 비판하는 것은 가능하지만, 그 비판을 한눈에 볼 수 있도록 하는 것은 어려운 일이었다. 그래서 선택한 것이 바로 나 자신에게 점수를 주는 것이었다. 목표치를 100으로 정해 두고 그 100을 이루기 위해 내가 얼마만큼의 노력을 기울였고, 얼마만큼 도달하였는지에 대해 성찰해 보았다. 생각보다 결과물은 좋았다. 매우 많이 창피한 결과물이긴 했다. 어떤 그래프는 참담하기 그지없었다. 그동안 내가 얼마나 노력을 기울이지 않았는지 반성해 보는 계기가 되었다. 앞으로 내가 해야 할 일은 그것들의 도달치를 얼마만큼 높이느냐가 관건이다.

(1) Introspection

■ Part 1. 장기목표

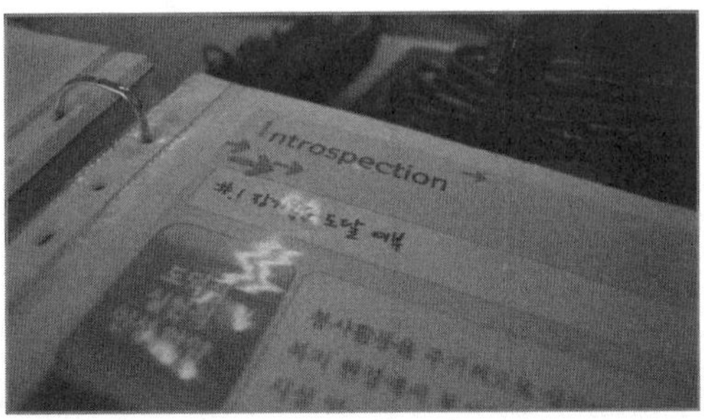

첫 번째로 현재까지 나 자신이 이루고 있는 장기목표의 도달 여부에 대해 분석해 보았다. 내 목표치를 100이라 두고 그 도달치에 도달하기 위해 얼마만큼 노력을 기울였는지 생각해 보

았다. 장기목표라는 것은 포트폴리오를 제작하면서 새로이 다진 목표들이기 때문에 목표치는 상대적으로 높은 경향이 있었다. 1학년 때 생각을 했더라면 도달치가 더 높았을지도 모른다. 하지만 졸업을 앞두고 생각하니 부족한 부분이 많다. 전체적으로 도달치에 많이 미치지 못했다. 더욱더 노력해야겠다는 생각을 하게 된 계기였다.

■ Part 2. 단기목표

단기목표에서는 학년별, 학기별로 구분지었던 목표들을 설정하고, 그 목표에 내가 얼마만큼 도달했는지 그래프로 도식화하였다. 목표가 그때그때 달랐기 때문에 결과는 모두 좋은 것만은 아니었다. 때로는 목표치를 훨씬 상회하기도 하였지만, 어떤 내용은 전혀 그러하지 못했다. 특히나 외국어 부분이나 학점 부분이 크게 미치지 못하는 경향이 있었다. 앞으로 학업 부분과 외국어능력 신장 부분에 더욱 노력을 기해야겠다는 다짐을 새로이 하는 계기가 되었다.

(2) Analysis

나 자신을 비판하는 것은 결코 쉬운 일이 아니었다. 분석적으로 접근하여 나의 장점과 강점은 무엇이고, 나의 단점과 약점은 무엇인지 분석해 내야 한다. 장/단기목표를 기준으로 나를 분석하고, 단점을 개선하고 약점을 보완하기 위한 방법을 찾는 데 주력하였다. 보다 더 긍정적인 결과를 도출할 수 있도록 많은 노력을 기울여야 한다는 결과를 도출할 수 있었던 기회였다.

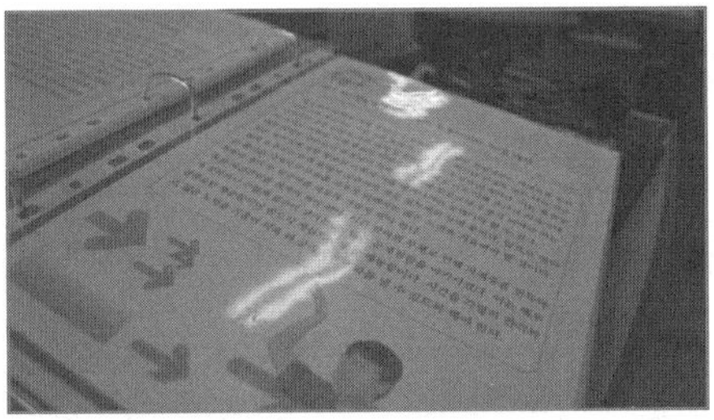

5) 기타 자료

Contents
1. Awards

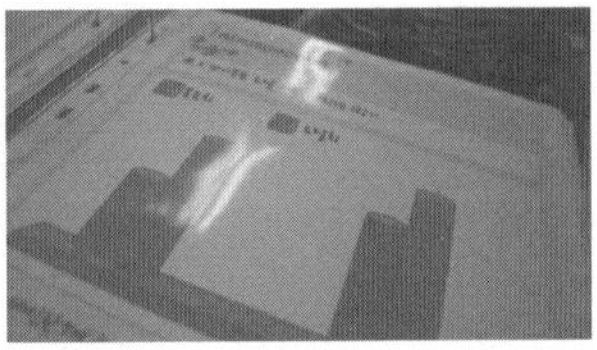

앞서 제시했던 활동사항들을 증명할 수 있는 상장, 봉사활동 인증서, 인턴십 이수증, 교육과정 이수증 등 나를 증명할 수 있는 자료들을 첨부하였다. 또한 그동안 참여하였던 컨퍼런스나 세미나, 워크숍의 자료들을 수록하여 차후에 필요로 할 경우 참고할 수 있도록 했다. 지나치게 양적인 면을 강조해 많이 아쉬움이 남는다.

(1) Awards

공모전, 학습커뮤니티 등 다양한 활동을 하면서 얻을 수 있었던 소중한 결과물들이다. 모든 활동에서 소기의 성과를 거두지는 못했다. 하지만 교육인적자원부 장관상, 교육과학기술부 장관상, 한국방송공사 사장상 등 대외적으로 공신력 있는 상장과 교무처장상 등 교내 상장을 첨부하였다. 또한 봉사활동 인증서나, 인턴십 인증서 등 다양한 자료들을 수집하였다. 그간 진행한 교육

포럼 및 학술세미나자료 등도 함께 첨부하였다.

포트폴리오 개발을 진행하면서 참 많은 것들을 깨닫고 느낄 수 있는 기회가 되었다. 그동안 미처 생각지 못했던 부분까지 하나하나 신경 쓰고 살피다 보니 무엇이 부족하고, 무엇이 필요하며, 무엇을 고쳐야 할지에 대해 고민할 수 있는 계기가 되었다. 처음 시작은 현실적인 이유에서 시작했었다. 지원금도 있다고 하고, 평소에 나름대로 포트폴리오를 만들고 있었으니 별 문제가 없겠다는 생각이었다. 하지만 개발을 진행하면 할수록 내 자신이 참으로 부끄러웠다. 처음 하는 개발이다 보니 내용구성과 자료정리도 미흡하였다. 이번 포트폴리오가 끝이라고 생각하지 않는다. 이제부터 시작이다. 앞으로 더 많은 자료들을 수집하고 한 벌의 체육복을 위해 한 땀 한 땀 수놓는 명장의 마음처럼 양질의 포트폴리오가 될 수 있도록 개선해 나간다면 앞으로 내 미래를 위한 소중한, 귀중한 자료가 될 것이라 확신한다. 이제 갓 시작한 아마추어에서 명장이 될 나를 조심스레 기대해 본다.

3. 러닝 포트폴리오 개발사례 3

1) 개인정보

(1) 성장과정

■ '만사의 정보를 행하라!'

어릴 적부터 정직과 정도를 강조하셨던 부모님께서는 방임적이다 싶을 정도로 나에게 강요나 간섭을 하지 않으셨다. 돌이켜 보면 부모님께서는 자식을 믿고 또 내가 독립적으로 무엇인가를 이루길 바라신 것 같다. 어떤 사소한 일일지라도 혼자 힘으로 노력하고 잘못된 점을 스스로 깨달을 수 있었던 지난 시간들이 지금 생각해 보면 부모님의 가치관에 영향을 받았던 것 같다. 경제 형편이 넉넉하지 않았던 편이라 조그만 가게를 하셨던 아버지와 15년 동안 같은 곳에서 성실히 일해 오신 어머니로부터 검약과 성실함이 인생에서 얼마나 큰 가치를 지니는 것인지 느끼며 자랐다.

(2) 성격의 장단점

■ '겉으로 보기에는 부드러우나 마음속은 꿋꿋하고 굳센 외유내강!'

여성스럽고 온화할 것 같다는 말을 많이 듣지만, 나는 사람들과 어울리기를 즐기는 활발하고 적극적인 성격에 더 가깝다. 특히, 마이크를 들고 큰 소리로 돌잔치를 진행하는 일이나 늘 웃으면서 서비스를 제공하는 웨딩홀 아르바이트를 통하여 밝은 성격과 자신감을 얻을 수 있었다. 한국어 선생님으로 일하는 데 밝은 모습은 큰 도움이 될 것이라 생각한다. 아르바이트 경험은 공동작업에서의 협동정신 또한 얼마나 중요한지도 일깨워 주었다. 그러다 보니 여럿에게 누가 되지 않도록 지나치게 세심한 면을 보여 오히려 같이 일하는 사람을 더 피곤하게 만들 수 있다는 것이 나의 단점일 것이다. 그러나 어떠한 일을 하는 데 있어서 어느 정도의 세심함은 장점이 될 수도 있다고 생각한다.

2) 학습활동

(1) 학습신념

■ '배우고 때때로 익히면 또한 기쁘지 아니한가!'

공자님이 '학이시습지 불역열호'라 말씀하셨듯이, 배우고 익히는 일은 참 즐거운 일이다. 공부하는 것이 때론 따분하고 재미없다고 생각했었지만 일상생활 속에서 배웠던 것이 나왔을 때 얼마나 반가운지 모른다. 나는 어느 분야를 접하더라도 늘 그 분야에 대하여 호기심과 흥미를 느끼려 노력한다. 또한 지금도 당연하게 사용하는 한국어를 외국인의 입장으로 바라보려 노력하며 일상 속에서 나의 전공지식과 연관된 부분을 찾으며 즐거움을 느끼곤 한다.

그러나 관심과 흥미가 있다고만 해서 공부가 잘되는 것은 아니다. 즐겁게 공부를 할 마음을 가졌다면, 두 번째 할 일은 바로 계획에 돌입하는 것이다. 휴학을 결정하면서 스스로 계획을 세우고 공부를 해야 하는 상황이 왔을 때, 나는 꼭 작심삼일은 말자고 다짐을 했다. 그러기 위해서 계획은 세우되 구체적이고 적절한 목표분량을 매일 자기 전날 미리 메모하는 것이 필요했다. 교수학습개발센터에서 제공한 '시간관리를 위한 Things to Do' 포스트잇은 작심삼일로 끝날 수도 있었을 시간관리를 잘할 수 있도록 도와주었다. Learning Planner 역시 주간계획과 일간계획을 간편하게 짜는 데 많은 도움을 주었다.

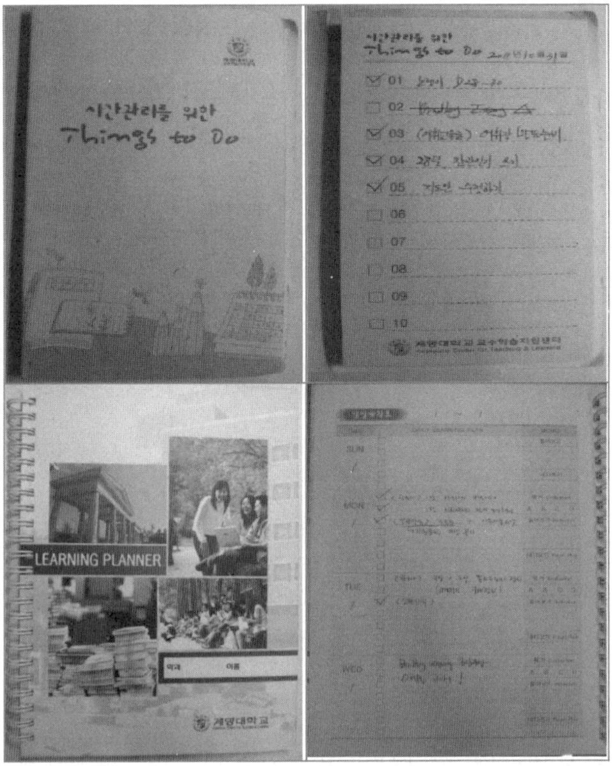

할 일을 관리하는 포스트잇과 세부적인 계획과 진행을 위한 Learning Planner

(2) 학습방법

■ '설명과 필기 모두 잘할 순 없을까?'

교수님의 설명에 집중하다가 필기를 놓칠 때가 많다. 그래서 지저분하더라도 연습장에 편하게 필기를 한 후, 다시 책이나 공책에 깨끗하게 필기를 한다. 공책을 다시 정리하는 것은 기껏해야 20분만에 다 할 수 있고, 그렇게 함으로써 수업내용을 더 오래 기억할 수 있다고 생각한다. 이것이 나의 첫 번째 학습방법이다.

■ '외우지 말고 이해하라!'

물론, 외우는 것도 공부를 하는 것이지만 왜 그런지를 먼저 이해하고 외워야 한다는 것이다. 아무리 열심히 노력하고 공부한들 이해하지 않는 공부를 한다면 그 공부는 온전히 자신의 머리에 들어올 수 없다고 생각한다. 학습내용을 이해하기 위해 나는 우선 교수님의 설명을 집중해서 듣는다. 또, 내용을 외우면서 왜 그런지에 대해서도 생각하며 공부를 한다.

■ '자신이 직접 설명해 보라!'

내가 남에게 책을 보지 않고도 잘 설명을 해 줄 수 있다면, 그 내용은 내 것이 된 것이라 생각한다. 앞에 누군가가 있다고 생각하고 눈을 감고 공부한 내용을 직접 목소리를 내면서 설명하는 것이다. 내가 진짜 내용을 이해하고 외웠는지를 확실하게 알아볼 수 있는 좋은 방법이라 생각한다.

■ '이해가 가지 않는다면, 다시 들어 보라!'

영어영문학과 수업을 많이 듣는 나로선 한국어 문장구조를 설명하는 것도 어려운데 영어의 문장구조까지 알려고 하니 수업내용을 한 번만 듣고서는 내용을 이해하기가 어려워 고생한 적이 있다. 이때 사용한 것이 녹음기다. 공책을 정리하며 이해가 가지 않는 부분은 녹음기로 다시 한 번 들으면 쉽게 이해할 수 있다. 그러나 되도록 녹음기는 잘 사용하지 않았다. 왜냐하면 수업시간에 녹음기를 믿고 수업에 해이해질 수도 있기 때문이다.

(3) 학습계획 및 활동(2011년 가을학기 기준)

2011년 가을학기는 과제나 실습준비로 바쁠 것이고 과제와 실습에 집중하기로 한다. 그래서 따로 토익이나 오픽시험을 준비하여 공부할 시간이 없을 것 같다. 겨울방학 때 회계자격증과 토익, 오픽 시험공부에 매진하기로 한다.

■ 외국어로서의 한국어 발음교육론

우선순위: ★★★★☆
외국인의 발음분석은 중국인 친구(동초 언니)에게 부탁을 한다. 발음하기 어려운 문장을 중심으로 말하기를 시키고 오류가 발생한 문장을 분석한 뒤, 이 학기가 끝날 때 다시 똑같은 문장으로 실험을 하여 달라진 점을 확인, 점검한다. 발음은 실제 우리 생활에 밀접한 연관이 있고 교사가 될 나로서는 항상 발음을 주의해야 한다. 틈틈이 발음교정은 물론, 수업을 듣는 월요일과 수요일마다 수업내용을 정리하는 시간을 꼭 가진다. 이제껏 해 왔던 것처럼 배운 내용을 정리하는 것은 꾸준히 지킬 수 있으리라 생각한다.

■ 영어회화

우선순위: ★★★☆☆
회화수업은 주로 교실에서 영어 스피킹으로 점수를 얻게 된다. 그러므로 매 수업마다 영어를 못해도 자신감을 가지고 참여하려고 노력한다. 또한, 발표가 많기 때문에 발표 일주일 전부터 준비를 하면서 네이버 사전에서 발음을 들으며 발음체크를 한다.

■ 영어작문

우선순위: ★★★★★
화, 목요일 수업 전 공강시간에 토익준비를 할 때 직접 정리해 둔 단어장을 활용하여 영어단어(30개씩)를 외운다. 또한, 이 수업은 매주 과제가 있기 때문에 월요일부터 금요일까지 매일 집에서 과제인 영어작문을 하고 다시 수정해 봄으로써 우수한 에세이를 제출하도록 노력한다.

■ 외국어로서의 한국어 어휘교육론

우선순위: ★★☆☆☆

개별발표와 어휘게임실습은 15분이지만 학생들이 직접 점수를 주기 때문에 많은 준비를 한다. 학생들의 발표로 진도를 나가는 수업이라 필기내용은 많이 없다. 그리고 다른 강의에서 실제 어휘수업을 진행하는 실습을 하고 있기 때문에 이 과목의 학습은 우선순위를 낮게 정한다. 평소에는 실습에 많은 초점을 두기로 한다.

[어휘게임실습 낱말카드]

■ 한국어교육 참관 및 실습

우선순위: ★★★★★

실제 수업을 진행하고 다른 학생들의 수업을 참관하기 때문에 이론식으로 공부를 할 수 없다. 교수지도안이 실린 책(언어교수이론과 한국어교육 등)을 빌려 읽어 교안 작성에 도움을 얻는다. 실습 전, 나와 연결된 대학원생 멘토(한국어학당 선생님)를 찾아가 지도안 교정을 받는다. 참관일지는 매주 화요일과 목요일이 마감해야 하므로 그날 실습한 3명의 수업평가와 느낀 점을 적어 제출한다.

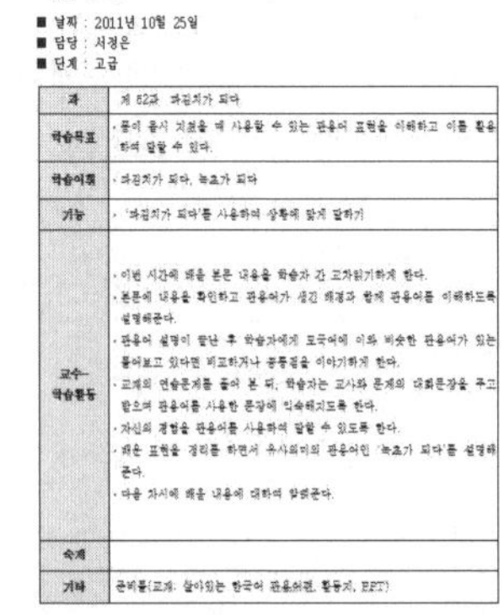

〈학습지도안〉

■ 날짜 : 2011년 10월 25일
■ 담당 : 서정은
■ 단계 : 고급

과	제 62과 파김치가 되다
학습목표	· 몸이 몹시 지쳤을 때 사용할 수 있는 관용어 표현을 이해하고 이를 활용하여 말할 수 있다.
학습어휘	· 파김치가 되다, 녹초가 되다
기능	· '파김치가 되다'를 사용하여 상황에 맞게 말하기
교수-학습활동	· 이번 시간에 배울 본문 내용을 학습자 간 교차읽기하게 한다. · 본문에 내용을 확인하고 관용어가 생긴 배경과 함께 관용어를 이해하도록 설명해준다. · 관용어 설명이 끝난 후 학습자에게 모국어에 이와 비슷한 관용어가 있는지 물어보고 있다면 비교하거나 공통점을 이야기하게 한다. · 교재의 연습문제를 풀어 본 뒤, 학습자는 교사와 문제의 대화문장을 주고받으며 관용어를 사용한 문장에 익숙해지도록 한다. · 자신의 경험을 관용어를 사용하여 말할 수 있도록 한다. · 배운 표현을 정리를 하면서 유사의미의 관용어인 '녹초가 되다'를 설명해준다. · 다음 차시에 배울 내용에 대하여 알려준다.
숙제	
기타	준비물(교재: 살아있는 한국어 관용어편, 활동지, PPT)

[관용어 '파김치가 되다' 교안]

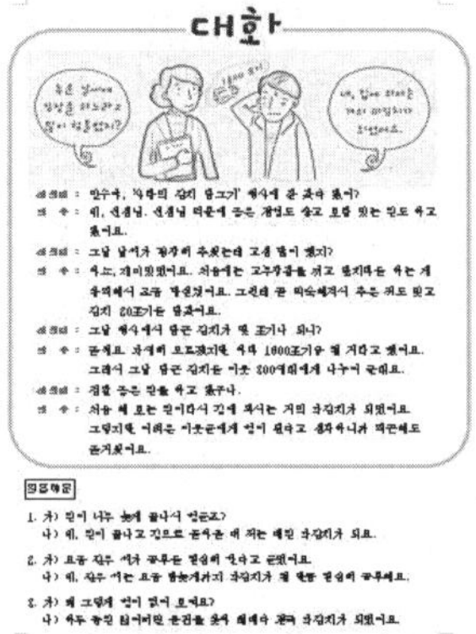

[실습교재작성]

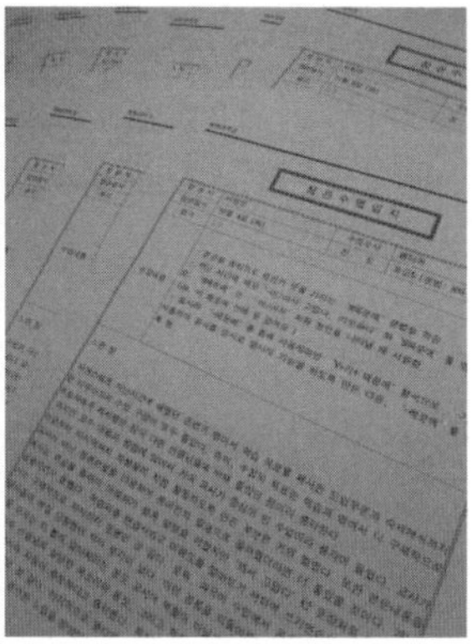

[수업참관일지]

3) 학습 외 활동

■ 백 살 왕자와 일곱 공주들(승무원 취업캠프)

여자라면 누구나 한번 쯤은 꿈꿨던 승무원, 요즘 많은 대학생들이 승무원을 꿈꾸고 나 역시 4학년이 되어 진로에 대한 고민을 하던 중, 친구의 권유로 승무원에 관심을 갖게 되었다. 때마침 학교 취업지원처에서 승무원 취업준비캠프를 공고하여 망설임 없이 지원하게 되었다. 내가 승무원을 진짜 하고 싶어 하는지, 나에게 진짜 맞는 직업인지, 이 직업은 구체적으로 어떤 일을 하는지, 되려면 또 어떤 것들을 익혀야 하는지 모든 것들을 알 수 있을 것 같아서 꼭 캠프를 가고 싶었다. 운 좋게도 캠프선발자로 뽑혔고 나를 포함한 많은 선후배 언니들, 또 청일점 남자선배 두 분도 같이 캠프에 가게 되었다.

숙소에 도착하여 짐을 풀기도 전에 강당에서 먼저 조를 정하고 간단히 자기소개를 하는 시간이 주어졌다. 나는 일곱 명의 언니들과 학번이 제일 높은 남자선배 한 명과 함께 1조에 배정되었다. 그리하여 조 이름은 '백 살 왕자와 일곱 공주들'로 짓게 되었다.

첫째 날은 자기소개와 승무원의 입사과정 그리고 어떻게 준비를 해 나가야 하는지에 대해 배웠다. 오후에는 직접 승무원 역할을 수행하는 롤플레이와 메이크업 수업을 들을 수 있었다. 둘째 날은 국제매너에 대해 배우고 질문 받는 시간을 가진 후, 모의면접을 보았다. 1박 2일이라는 짧은 시간에 빡빡한 일정을 소화해 내야 했다. 승무원을 준비하는 사람들이라 훌륭한 외모, 영어실력, 그리고 재치까지 있었다. 1박 2일을 지내면서 남들과 비교되지 않을까 하는 마음이 앞선 것도 사실이지만, 그것보다는 캠프를 마치면서 멋진 사람들을 많이 만났다는 것이 너무나 행복했다. 승무원이란 직업을 더 자세히 알 수 있었고 나의 적성이 승무원에 얼마나 맞는지도 생각해 볼 수 있었다. 또, 이력서 작성법과 면접스킬을 배울 수 있었던 것 또한 큰 도움이 되었다.

■ 하늘아리(한국문화정보학과 웹진 제작)

하늘아리는 '하늘과 둘도 없는 친구'라는 뜻으로 2010년 8월에 제작된 한국문화정보학과 웹진의 명칭이다.

선뜻 웹진 제작에 동참한다고는 하였지만 무엇을 할지 또 어떻게 할지 몰랐던 것이 사실이다. 우선, 교수님과 조교 선생님의 지도하에 각 학년별로 열 명 남짓한 팀을 구성하였다. 컴퓨터를 통해 직접 제작하는 팀, 디자인 팀, 인터뷰 팀, 교정 팀으로 나누어졌다.

나는 그중에서 인터뷰와 교정을 맡기로 하였다. 그런데 내가 인터뷰를 해야 할 분은 외국인 교수님이었다. 영어로 인터뷰를 해야 할지, 외국인 친구의 도움을 받아야 할지, 사실 교수님을 뵙기 전까지 많이 긴장되었다. 그러나 직접 교수님을 뵌 순간, 걱정은 순식간에 사라졌다. 마치 산타할아버지처럼 온화한 미소와 하얀 턱수염을 가진 교수님은 인자하셨을 뿐만 아니라 한국어 또한 아주 능숙하게 구사하셨다. 좋은 말씀과 우리가 알지 못했던 한국의 역사까지 교수님을 통하여 알 수 있었던 값진 인터뷰였다. 또, 그러한 내용들을 학생들에게 내가 직접 전달해 줄 수 있다는 생각에 인터뷰를 하면서도 뿌듯하였다. 웹진을 제작하면서 교수님, 조교 선생님 그리고 후배들과 더 가까워졌다는 것 또한 나에게는 큰 기쁨이었다. 이러한 기회를 통하여 학과생활의 좋은 추억을 만들 수 있었을 뿐만 아니라 무엇인가를 해냈다는 성취감까지 얻을 수 있었다.

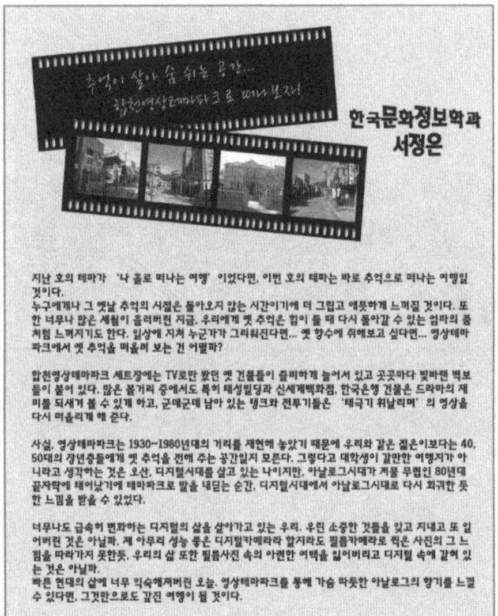

지난 호의 테마가 '나 홀로 떠나는 여행' 이었다면, 이번 호의 테마는 바로 추억으로 떠나는 여행일 것이다.
누구에게나 그 옛날 추억의 시절은 돌아오지 않는 시간이기에 더 그립고 애틋하게 느껴질 것이다. 또한 너무나 많은 세월이 흘러버린 지금, 우리에게 옛 추억은 힘이 들 때 다시 돌아갈 수 있는 엄마의 품처럼 느껴지기도 한다. 일상에 지쳐 누군가가 그리워진다면... 옛 향수에 취해보고 싶다면... 영상테마파크에서 옛 추억을 떠올려 보는 건 어떨까?

합천영상테마파크 세트장에는 TV로만 봤던 옛 건물들이 즐비하게 늘어서 있고 곳곳마다 빛바랜 벽보들이 붙어 있다. 많은 볼거리 중에서도 특히 태성빌딩과 신세계백화점, 한국은행 건물은 드라마의 재미를 되새겨 볼 수 있게 하고, 군데군데 남아 있는 탱크와 전투기들은 '태극기 휘날리며' 의 영상을 다시 떠올리게 해 준다.

사실, 영상테마파크는 1930~1980년대의 거리를 재현해 놓았기 때문에 우리와 같은 젊은이보다는 40, 50대의 장년층들에게 옛 추억을 전해 주는 공간일지 모른다. 그렇다고 대학생이 갈만한 여행지가 아니라고 생각하는 것은 오산. 디지털시대를 살고 있는 나이지만, 아날로그시대가 저물 무렵인 80년대 끝자락에 태어났기에 테마파크로 발을 내딛는 순간, 디지털시대에서 아날로그시대로 다시 회귀한 듯한 느낌을 받을 수 있었다.

너무나도 급속히 변화하는 디지털의 삶을 살아가고 있는 우리. 우린 소중한 것들을 잊고 지내고 또 잃어버린 것은 아닐까. 제 아무리 성능 좋은 디지털카메라라 할지라도 필름카메라로 찍은 사진의 그 느낌을 따라가지 못한듯, 우리의 삶 또한 필름사진 속의 아련한 여백을 잃어버리고 디지털 속에 갇혀 있는 것은 아닐까.
빠른 현대의 삶에 너무 익숙해져버린 오늘. 영상테마파크를 통해 가슴 따뜻한 아날로그의 향기를 느낄 수 있다면, 그것만으로도 값진 여행이 될 것이다.

웹진에 실린 인터뷰 내용과 에세이

■ 그 외 활동

스터디
2011년 3~6월(휴학기간 中) TAXATION-TOEIC 스터디
봉사활동
2011.04.10 ○○광역시 체육회 2011국제마라톤대회 진행 및 환경정화활동 
2009.03~(4개월) 신당종합사회복지관 (복지관 어린이집) 유아학습 및 놀이지도   

4) 성찰활동

■ 외국어로서의 한국어 어휘교육론

어휘게임실습은 '몸으로 말해요.'라는 게임을 정하여 학생들 앞에서 직접 게임을 하는 모습을 보여 주었다. 선생님 역할을 담당한 나는 개인발표의 아쉬움을 만회하기 위하여 게임을 보여 줄 때 더 효과적일 수 있도록 작은 음향효과 하나까지도 신경을 쓰고 교구도 직접 만들면서 최선을 다하였다. 디테일한 것까지 신경을 썼기 때문에 학생들의 반응이 좋아서 너무나 다행이라 생각한다. 중간고사와 기말고사는 계획대로 시험 2주 전부터 페이지별로 나누어

계획을 세워서 공부하였고 그 덕분에 계획에서 큰 차질도 없었고 처음의 공부 계획목표를 잘 지킨 것 같다.

■ 외국어로서의 한국어 발음교육론

외국인 발음분석에 대하여서 목표했던 대로 실험을 통하여 학습이 잘 되었다. 중간고사와 기말고사는 목표한 대로 시험 2주 전부터 분량별로 계획된 공부를 하지 못해 목표를 달성하지 못하였다. 대조언어학 강의에서 공부한 것의 도움을 받아 벼락치기로 공부를 했다. 앞으로는 처음의 목표가 변수에 따라 변경될 부분까지 고려하면서 계획을 세워야겠다. '틈틈이 발음교정은 물론, 수업을 듣는 월요일 수요일마다 자기 전에 필기정리하는 시간을 꼭 가진다.'라는 계획은 첫날부터 지켜지지 않았다. 사실, 일기를 매일 쓰는 것도 습관이 아니면 할 수 없는 일인데, 늘 발음교정을 연습한다는 것은 무리한 목표가 아니었나 싶다. 그 외, 필기내용을 정리하고 어려운 부분을 녹음한 것은 밀리지 않도록 그날그날 노트정리를 하였다.

■ 영어회화

일단, 너무나 힘들었던 수업이었다. 이번 학기에 나의 학습목표는 영어를 못해도 자신감을 가지고 참여하는 것이었다. 실제 수업시간 중 많은 발화의 기회가 있었고 사람들 역시 내 말에 잘 귀 기울여 준 덕에 못해도 계속 노력하였던 부분에서는 후회가 없다. 하지만 발음교정에 있어서 처음 목표였던 '네이버 사전에서 발음을 들으면서 발음체크'는 전혀 실천하지 못했던 것 같다.

■ 영어작문

목표대로라면 작문수업 전 영어 단어 30개씩을 외워서 사전을 사용하지 못하는 작문시간에 어휘스킬을 늘리고 작문과제를 검토하는 것까지 완성된 에세이를 제출하는 것이었다. 하지만 월요일부터 금요일까지 에세이에 계속 매달려 있었고 이번 학기에 집에서 보낸 시간은 컴퓨터 앞에서 에세이를 쓰는 일이 다였을 만큼 나에겐 버거운 과목이었다. 이 과목을 통하여 처음 내가 세운 목표달성은 하지 못하였으나 영어문법, 에세이 작성법에 대하여 많은 학습이 되었던 것 같다. 우선순위가 높았던 만큼 학습하고 얻은 것도 많은 과목이었다.

■ 한국어교육 참관 및 실습

참관일지를 작성하는 부분은 밀리지 않고 제출하였고 특히, 수업을 참관하면서 실제 수업에서 교사의 주의점을 알 수 있게 되어 일지 작성의 목표달성뿐만 아니라 이를 통해 수업을 바라보는 안목까지 키울 수 있었다. 한 달에 두 권 이상은 교안 작성에 도움을 얻을 수 있도록 지도안이 실린 책을 보려 했던 목표는 잘 지켜지지 않았지만, 대신 학교도서관이나 조교 실에서 한국어교육 교재를 많이 접했다는 점에서 학습효과를 본 것 같다. 또한, 실습 전에는 한국어학당 선생님으로 계신 분을 멘토로 몇 번의 만남을 가졌고, 이를 통해 한국어 수업을 진행하는 데 많은 지도편달을 받았을 뿐만 아니라 지도안 작성에도 많은 도움을 얻을 수 있었다.

5) 기타 자료

■ 장학내역

학년도	기관명	수상내용
2010년 1학기		성적사랑
2010년 2학기		성적정의
2011년 1학기		성적진리
2012년 1학기		성적사랑

■ 기타 이력사항

취득일	종류	발행처
2009.09.08	한자능력검정 2급	한국어문회
2011.03.04	Mos Master	Microsoft Corporation
2011.06.11	사무자동화 산업기사	한국산업인력공단
2011.07.22	TOEIC 795점	ETS
2011.08.26	○○대학교 1기 실전대비 취업역량캠프(승무원)	스카이아카데미
2011.09.02	CS 강사 2급	한국서비스진흥협회
2011.12.25~2012.01.20	2011 ACE 단기 집중 외국어캠프	·
2012.02.09	2011 동계방학 회계실무 취업특강 수료	·

■ 한국어교육 관련 학습자료

1	한국어 교육학개론: TOPIK 중급 어휘, 문법문제 분석
2	한국어 어문규범과 글쓰기: 표준어 규정 14~19항 분석
3	한국어교육 실습 및 참관: 한국어 관용어 학습지도안 1
4	한국어교육 실습 및 참관: 한국어 쓰기 학습지도안 2
5	대조언어학의 이해: 학습자 오류 분석
6	외국어로서의 한국어 발음교육론: 외국인 학습자의 발음 특성

4. 러닝 포트폴리오 개발사례 4 –공학교육인증 학생 포트폴리오 개발의 실제

CONTENTS

Chapter 1 Who am I?

1 My 이력서 & 자기소개서

※ 본인의 신상명세 및 개인정보보호를 위해 내용은 생략함.

<table>
<tr><td rowspan="5"></td><td>성명</td><td colspan="6"></td></tr>
<tr><td>생년월일</td><td colspan="3"></td><td colspan="2">성별</td><td></td></tr>
<tr><td>주소</td><td colspan="6"></td></tr>
<tr><td>전화번호</td><td></td><td>국가보훈여부</td><td colspan="4"></td></tr>
<tr><td>호적관계</td><td>호주와의 관계</td><td></td><td colspan="2">호주성명</td><td colspan="2"></td></tr>
</table>

<table>
<tr><td rowspan="3">학력/
교육
사항</td><td>기간</td><td>학교/교육기관</td><td>학과명(학점)</td><td>졸업구분</td></tr>
<tr><td></td><td></td><td></td><td></td></tr>
<tr><td></td><td></td><td></td><td></td></tr>
</table>

<table>
<tr><td rowspan="4">경력
(인턴/
아르바
이트)</td><td>기간</td><td>근무처</td><td>담당업무</td><td>세부내용</td></tr>
<tr><td></td><td></td><td></td><td></td></tr>
<tr><td></td><td></td><td></td><td></td></tr>
<tr><td></td><td></td><td></td><td></td></tr>
</table>

<table>
<tr><td rowspan="4">주요
활동
(동아리
/봉사)</td><td>기간</td><td>활동단체명</td><td>직책</td><td>세부내용</td></tr>
<tr><td></td><td></td><td></td><td></td></tr>
<tr><td></td><td></td><td></td><td></td></tr>
<tr><td></td><td></td><td></td><td></td></tr>
</table>

자격/면허	자격(면허)명	취득일	발행처	수상/수혜 경력	내용	기관

외국어			IT능력		
	외국어명			s/w 및 언어	
	점수			활용능력	
	구사정도			s/w 및 언어	
	해외 연수			활용능력	

병역	구분	군별	병과	계급	복무기간

1) 지원동기 및 진학 후 포부

당신의 꿈이 설정될 때 저는 제 꿈을 보았습니다.

고등학교 시절 저는 학과수석을 했던 우수한 모범생이었습니다. 그러한 이유에서인지 친구들은 제게 학업에 관한 고민이라든지 진로에 대한 이야기를 털어놓고 조언을 구하는 일이 많았습니다. 3학년 시절 친한 친구 한 명이 시험을 꼭 잘 보고 싶다며 제게 도움을 부탁했습니다. 항상 주변 사람들이 함께 성취하는 것을 저의 또 다른 기쁨으로 삼고 있었기에 친구에게 도움을 주기로 결정하였습니다. 그 친구의 강점을 잘 알기에 그런 강점들과 제가 공부하는 방법을 잘 조화시켜 시험공부를 도와줬습니다. 한 과목 한 과목 시험이 끝날 때마다 가채점한 시험지를 들고 오며 고맙다고 제게 말해 주는 친구를 보며 무엇인지 모를 벅찬 감정이 가슴속에서 피어올랐습니다. 결국 50점대였던 그 친구의 평균점수는 80점대로 올랐고 친구의 담임선생님께서도 저에게 고맙다는 말씀을 해 주셨습니다. 저의 목표는 우수한 연구원으로서의 기술공학발전에 이바지하는 것에 더하여 제가 가진 역량을 통해 누군가에게 꿈을 심어주고 앞으로 인생의 인도자 역할을 할 수 있는 훌륭한 대학교수가 되는 것이기에 진학 후에도 연구와 더불어 교직의 길을 위한 준비를 해 나갈 것입니다.

2) 성장과정

똥이 더러워서 피하시겠습니까? 저는 치우겠습니다!

맞벌이를 하신 부모님께서는 저와 함께 있어 주는 시간이 많지 않으셨습니다. 외동아들인 저로서는 혼자서 스스로 위로해야만 했습니다. 어느 날 저는 문득 이런 생각을 하였습니다. '우리 부모님은 왜 저렇게 열심히 일만 하시고 나와 함께 시간을 보내지 못하시는 걸까?' 무엇보다도 금전적인 문제 때문이었습니다. 생각 끝에 제 자신의 발전과 훗날의 성공만이 이 문제를 해결하고 다시는 되풀이되지 않게 하는 유일한 방법이라고 생각했습니다. 성공을 통해 문제를 해결하고자 했던 어린 시절의 저는 성공한 사람들이 주는 메시지에 귀를 기울였습니다. 『성공하는 사람들의 7가지 습관』『시간관리의 기술』과 같은 자기계발 서적들을 읽으면서 책 속에 나오는 하나하나의 가르침을 체화시켰습니다. 덕분에 대인관계능력, 자기관리능력, 업무추진능력, 대화법, 공부법, 기억법, 습관고치기 등 연구원으로서의 자질을 함양하였습니다. 유년 시절 부모님과의 시간이 부족하였지만 방황이나 비행을 택한 대신 제 자신이 문제를 해결하는 주역이 되어야 한다고 생각하고 다짐했던 그 순간부터 힘든 상황에 혼자서 부딪쳐 보는 도전정신을 가지게 되었고, 이는 무조건적인 회피와 도피가 아닌 유연하고 능동적으로 상황을 대처할 수 있는 능력을 심어 주었습니다. 똥이 더럽다고 피했다면 얻지 못했을 것입니다.

3) 학교생활

밤하늘의 별이 단지 눈에 보이는 작은 점이 아니듯이…

HRD과목을 수강할 때 '소시오드라마 제작'이라는 팀별 과제가 있었습니다. 드라마 제작이라는 것이 처음 해 보는 과제여서 막막한 면도 있었지만 어려운 환경을 극복하는 주역으로서의 역할을 해야 한다는 저의 가치관에 따라 무작정 도서관으로 달려가 드라마 제작기법과 동영상 편집 관련도서들을 빌려 배움의 자세로 책을 한 장 한 장 읽어 가며 드라마 제작을 했던 기억이 납니다. 드라마의 오프닝을 제가 직접 맡아 작업했는데 드라마 발표 후 오프닝이 인상적이었다는 평가와 함께 기술부문에서 높은 점수를 받았습니다. 영상편집의 경험도 없던 제가 노력하는 과정을 통해 팀 전체에 기쁨을 주고 성취감을 서로 공유하면서, 나 자신의 도전정신과 역량을 여러 사람과 나눌 수 있다는 것을 다시금 느꼈습니다. 이에 더하여 저의 아이디어로 보고서도 단순한 리포트가 아닌 전 과정을 기록한 책 한 권으로 만들었습니다. 고정관념을 탈피하여 보고서 하나라도 간직할 수 있는 추억으로 만든 것 같이 변화하는 시대에는 기술변화에 적응하는 자기계발능력이 중요시되기 때문에 저의 이러한 도전정신과 사고의 유연성이 연구라는 직무에는 도움이 된다고 확신합니다. 또한 팀 활동을 통한 과제였기에 그 속에서 소조직의 의사소통방법을 간접적으로 경험하였고, 주제선정과 내용선정 등의 과정에서 마인드맵 기법, ADDIE 기법과 같은 체계적인 문제해결과정을 배웠습니다. 학교생활에서 누구에게나 주어지는 하나의 과제이지만 그것은 밤하늘의 별이 단지 눈에 보이는 작은 점이 아니듯이 저에게는 큰 가르침과 많은 경험을 심어 주었습니다.

4) 성격의 장 · 단점

무지개를 그리는 데 보라색이 없으면 만들어라!

저는 스스로 제 자신을 파악하고 부족한 것을 찾아 보완하고 발전시키려는 '자기주도성'이 강한 성격을 지녔는데 이것이 저의 가장 큰 장점이라고 확신합니다. 필리핀 연수시절 여자친구에게 자신이 직접 만든 동영상을 선물해 주는 디자인 전공의 친구를 보면서 저도 컴퓨터를 이용해서 무엇인가를 선물해 주고 싶었지만 그래픽과 관련해서 능력이 다소 부족했습니다. 저는 그때 친구에게 부탁하여 포토샵의 기본적인 사용법을 배우고 밤새 인터넷자료들을 검색하면서 결국 간단하지만 멋진 배경화면을 만들어 선물을 해 주었습니다. 또 고등학교시절 꼼꼼한 성격 덕분인지 미술시간에 재능을 보여 미술선생님께서 디지텍 고등학교에서 열리는 미술대회에 참가해 보라고 권유해 주셨는데 미술학원에 다녀 본 적 없는 저로서는 풍경화라는 대회주제가 너무 어렵게만 느껴졌습니다. 하지만 여러 풍경화 그리기 기법을 인터넷을 찾아 가며 연습했고 대회에서 특선 입상을 하였습니다. 이처럼 스스로 학습욕구를 느끼고 자기 주도적 학습을 통해 부족한 것을 채워 나가는 저의 자기 주도적 성격은 연구분야에서 중요시하는 역량이기에 저로서는 큰 장점이라 말할 수 있습니다.

단점으로는 너무 많은 것에 욕심을 부리고 배우고자 하는 학습욕구 때문에 항상 시간이 부족하고 해야 할 일이 많아서 받지 않아도 될 스트레스를 많이 받는 편입니다. 하지만 적절히 균형만 잡는다면 여러 분야에 대한 학습욕구는 다양한 분야에 대해 알 수 있게 해 주고 이러한 지식들이 복합적 지식이 요구되는 연구활동에서 큰 도움이 되는 자질이라고 확신합니다.

무지개를 그리다 보라색이 없으면 빨간색과 파란색을 섞어 만들면 되듯이 부족한 면을 그대로 두기보다는 꾸준한 노력으로 채워 나가는 저의 장점이 새로운 발상과 창의적 사고가 요구되는 다가오는 사회의 연구활동에서 핵심적인 기여를 할 것이라고 확신합니다.

② My 영문이력서

PERSONAL INFOMATION

Name:

Date of Birth:

Address:

Contact: Cell Phone)

E-mail:

OBJECTIVE

A master degree course of graduation school in material engineering

SUMMARY OF SKILLS

Foreign language Skill

- English communication skill
- TOEIC Score

Engineering Skill

- Understanding design process in engineering part
- knowledge of Material science

WORK EXPERIENCE

Part timer, KFC restaurant, Seoul city, South Korea July.2004~Dec.2004

- To make buger and chicken, cleaning, counter worker

Part timer, Cafe Tilt, Seoul city, South Korea July.2009~Aug.2009

- To make coffee and beverages, cleaning

Sever, Renaissance Hotel, Seoul city, South Korea Sep.2009~Feb.2010

- To help to hold wedding ceremony, To serve foods

EDUCATIONAL HISTORY

Bachelor of Engineering, Material Engineering Mar. 2005~Present

Korea University of Technology and Education(1semester remaining)

Cheon-An city, South Korea

High School Mar. 2002~Feb. 2005

Dankook Technical High School(Graduation)

Seoul city, South Korea

LICENSES / CERTIFICATE

- Industrial Engineer Metal Material(2011)
- MOS Excel(2010)
- Craftsman Chemical Analysis(2004)
- Drivers License type 1(2004)

ACTIVITY

- Foot valley ball club in KUT July. 2005~Present
- Member of Student body in department Sep. 2008~Jun. 2009
- Finished English program in UP Jan. 2009~Feb. 2009
  Manila city, The Philippines
- Finished English program in MMBS Dec. 2009~Jun. 2010
  Tarlac city, The Philippines

3 My 자격증현황

1) 화학분석기능사

개요

화학반응, 유기화합물, 원자구조 등 화학물질의 성분을 분석하기 위해 필요한 화학적 소양을 갖추고 안전하게 화학물질을 취급할 수 있는 숙련기능인력 양성 자격

수행가능직무

실험 및 검사부문에 소속되어 물질을 구성하고 있는 성분의 종류나 그 조성비를 알기 위하여 약품, 기기, 기구를 사용하여 물질을 분석하는 업무수행

취득일 & 발행기관

2004년 07월 19일–한국산업인력공단(자격증 사진 생략)

2) 금속재료산업기사

개요

금속재료의 특성 파악, 시험 분석, 조직검사, 열처리 등을 수행할 수 있는 전문기술인력 양성 자격

수행가능직무

금속재료에 관한 기술기초지식과 상급 숙련기능을 바탕으로 금속과 합금을

유용한 형상으로 만들기 위한 재료시험, 결합시험, 금속열처리 등의 업무수행 담당

취득일 & 발행기관

2011년 02월 16일–한국산업인력공단(자격증 사진 생략)

3) MOS EXCEL 2003

개 요

MOS(Microsoft office specialist)는 마이크로소프트 오피스 프로그램과 윈도우 운영체제에 대한 자격증

수행가능직무

Microsoft Excel 2003을 이용한 데이터 정리 및 관리

취득일 & 발행기관

2011년 02월 16일–Microsoft(자격증 사진 생략)

4 My 어학성적

1) 토익성적

- 공인토익성적(성적표 사진 생략)

- 공인시험성적변화(성적변화표 생략)

5 My SWOT 분석

S(Strength): 강점 / W(Weekness): 약점

O(Opportunity): 기회 / T(Threat): 위협

S	W
• 꼼꼼한 성격을 통한 실무수행능력 • 체계적이고 논리적인 사고능력 • 도전정신 및 지속적인 자기성찰 • 원만한 대인관계 • 우수한 학업능력	• 소심한 성격 • 다소 완벽주의 • 뚜렷한 특기나 취미 없음
O	**T**
• 여러 사람의 신뢰감 • 우수한 학점 • 호감형 첫인상 • 플래너 작성을 통한 계획능력	• 다른 사람의 말을 잘 믿음 • 관심사의 잦은 변화

Chapter 2 Try to understand myself

1 My 적성검사

홀랜드 적성탐색검사를 통해 본 나

검사를 통해 나타난 나의 진로코드: AS

AS는 예술형과 사회형으로 독창성과 심미성을 지녔으며 친화적이고 봉사적이다.

직업적 성격특성

대체로 감정적, 감수성이 강하며, 개성이 있고 독창적입니다. 또한 사람들과 어울리기를 좋아하고, 친절하고, 이해심이 많아 남을 도와주려고 합니다. 일에 관한 흥미는 예술적 창조와 표현, 변화와 다양성을 좋아하고 자유롭고 개성 있는 활동을 좋아하고, 남을 이해하고 돕고 봉사하며 가르쳐 주는 활동을 좋아합니다. 능력은 예술적 미적 감수성이나 상상력, 창의력이 풍부하며 사회적 대인관계기술과 능력이 있습니다.

적성에 맞는 직무분야 및 직업

- 직무분야: 예술, 문화, 출판, 레저, 이벤트사업
- 직업: 교사, 교수, 국악인, 기술과학 편집자, 기악연주자, 미술강사, 방송스크립터, 북디자이너, 스토리편집가, 시나리오작가, 카피라이터, 희극작가

(홀랜드 적성탐색검사 결과표 생략)

② My 성격유형검사

MBTI 검사를 통해 본 나

검사를 통해 나타난 성격 유형: I S T J

ISTJ를 표현하는 말

사실적인, 철저한, 체계적인, 신뢰할 수 있는, 한결같은, 실제적인, 조직적인, 현실적인, 의무적인, 분별력 있는, 근면한, 믿을 수 있는

ISTJ의 성격유형특성

- 조용하고 신중하며 집중력이 강하다
- 매사에 철저하고 사리분별력이 뛰어나다.
- 실제 사실을 체계적으로 정확하게 기억한다. 집중력이 강하고 현실감각이 뛰어나 일을 할 때 실질적이고, 조직적으로 처리해 나간다. 보수적인 경향이 있어 전통을 따르려고 하며, 문제를 해결할 때 과거의 경험을 잘 적용한다. 또한 일상에서 반복되는 일에 대해 인내심이 강하다.
- 자신의 방법과 생각만을 고집하기 쉬우므로, 장기적인 안목을 갖고 변화와 다른 가능성에 대해 개방적인 태도를 취할 필요가 있다. 자신이 맡은 일에 대해 지나치게 책임지려 하며, 직책이 요구하는 이상으로 일을 진지하게 다루는 경향이 있다.

(MBTI 프로파일 생략)

3 My KAD 인적성검사

1) KAD 인성검사

(KAD 인성검사 개인분석표 생략)

2) KAD 직무능력검사

(KAD 직무능력검사 개인분석표 생략)

3) KAD 적응적성검사

(KAD 적응적성검사 개인분석표 생략)

Chapter 3 Ready to be engineer

1 My 공학인증 로드맵

1) 신소재공학과 표준 로드맵

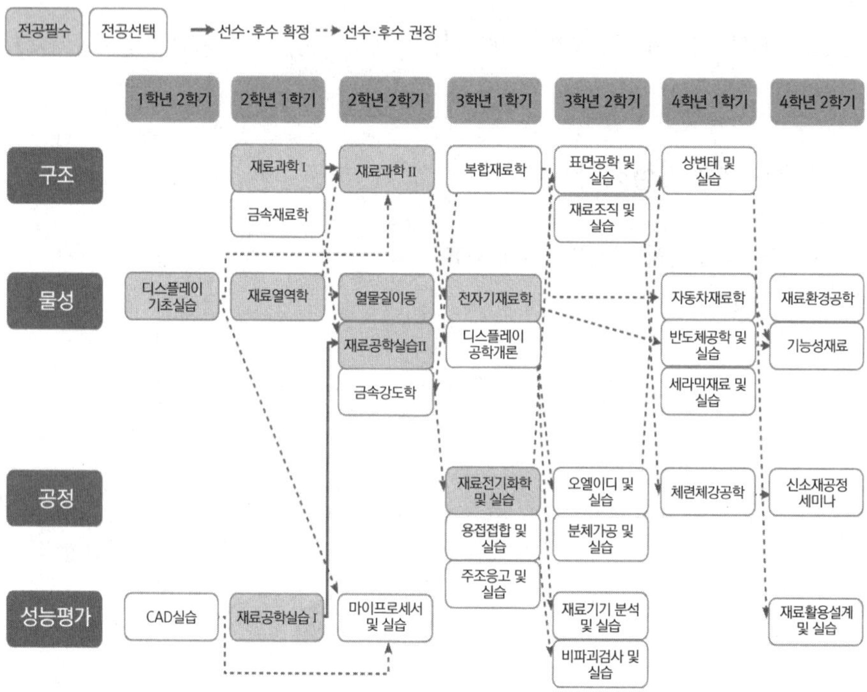

2) 신소재공학과 표준 설계과목 로드맵

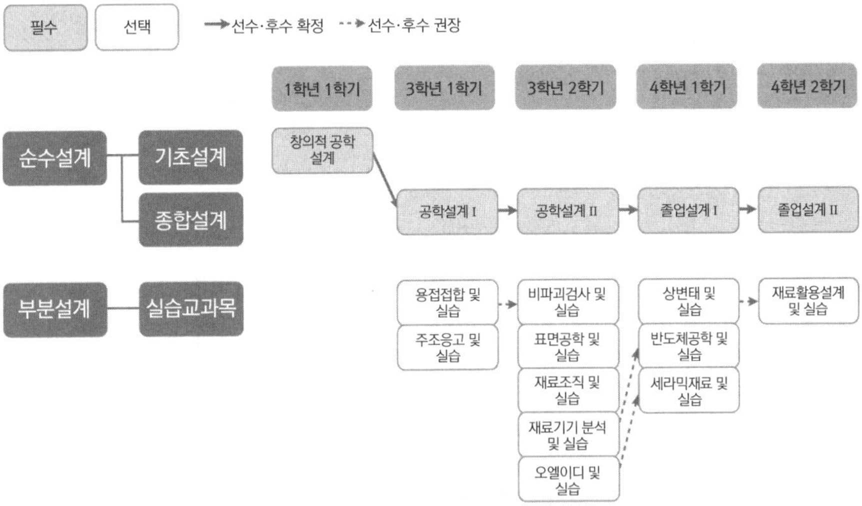

2 My 수학계획

학기별 수학계획

학기	수학계획	달성도
1학년 1학기	1. 공학기초수학능력 향상 • 일반물리학, 일반화학 I , 미분적분학 I , 영어 I 2. 학교생활적응 공부패턴 잡기 3. 평점 3.5 이상	1. 일반물리, 일반화학 I , 영어 I 이수를 통한 기초능력 향상 2. 동아리가입 등 학교생활 적응 3. 학점 3.95

1학년 2학기	1. 공학기초수학능력 향상 • 일반물리학II, 일반화학II, 미적분학II 2. 기초전공과목 수강 • 디스플레이 기초실습 3. 장학금 수혜	1. 일반물리학II, 일반화학II, 미적분학II 이수 2. 디스플레이 기초실습(A+) 이수 3. 학업성적우수 1급 장학금 수혜 4. 취득학점 21 평점: 4.31
2학년 1학기	1. 전공기초과목 수강 2. 미분방정식 이수를 통한 MSC필수 이수 3. 장학금 수혜 4. 평점 4.3 이상	1. 재료열역학, 재료과학 I, 재료공학실습 I, 금속재료학의 전공기초지식 습득 2. 미분방정식(A+) 이수 3. 학업성적우수 2급 장학금 수혜 4. 취득학점 20점 평점 4.43
2학년 2학기	1. 중등교직과정 준비를 위한 필수과목 이수, 교육과정 및 교육평가, 교육철학 및 교육사 2. 교양언어영역 및 체육과목 3. 기초설계과목	1. 교육과정 및 교육평가, 교육철학 및 교육사 이수 2. 한자와 언어생활, 골프 이수 3. 창의적 공학설계 이수 4. 취득학점 21 평점 4.5 5. 학업성적우수 1급 장학금 수혜
3학년 1학기	1. 중등교직과정준비를 위한 필수과목 이수 2. 전공심화과목 선택 3. 공학설계 I 과 기타 설계과목 이수	1. 교육사회, 교육행정 및 교육경영 이수 2. 복합재료학, 용접접합 및 실습, 디스플레이공학개론 선택 이수 3. 공학설계 I 을 포함한 총 설계학점 3학점 취득 4. 학업성적우수 1급 장학금, 평점 4.5
3학년 2학기	1. 교직과목 HRD I 영역 HRD개론 이수 2. 교양언어영역 및 인간영역 3. 설계학점 취득	1. HRD개론 이수 HRD I 영역 졸업요건 완료 2. 일본어 I, 인체와 건강 이수 교양졸업요건 완료 3. 전공설계 학점 4학점 취득, 현재 12학점 4. 학업성적 우수 1급 장학금, 평점 4.5

4학년 1학기	1. 인턴 및 현장실습 이수 2. 중등교직과정 필수과목 3과목 3. 전공선택 8학점 4. 설계학점 4학점	현재 이수 중
4학년 2학기	1. 졸업요건 충족 2. 전공필수 1과목, 선택 3학검 3. 설계 2학점 이상 4. 중등교직과정 필수과목 2학점	

3 My 공학인증현황

1) 나의 공학인증 이수현황

이수 구분	년도	학기	과목코드	과목명	학점	설계	등급
전공 설계 (60/18)	2008	1학기	MSA250	재료과학 I	3	0	
	2008	1학기	MSA262	재료공학실습 I	3	1.5	
	2009	1학기	MSA381	전자기재료학	3	0	
	2008	2학기	MSA302	재료공학실습 II	3	1.5	
	2005	2학기	CCT320	디스플레이 기초실습	2	0	
	2008	2학기	MSA210	창의적 공학설계	2	2	
	2008	1학기	MSA240	재료열역학	3	0	
	2008	2학기	MSA290	열물질이동	3	0	
	2008	2학기	MSA310	재료과학 II	3	0	
	2005	1학기	CCT323	CAD실습	2	0	
	2009	1학기	MSA341	재료전기화학 및 실습	3	0	
	2008	2학기	MSA280	금속강도학	3	0	
	2008	1학기	MSA901	금속재료학	3	0	

	2010	2학기	MSA891	오엘이디 및 실습	3	1	
	2010	2학기	MSA620	분체가공 및 실습	3	1	
	2010	2학기	MSA661	비파괴검사 및 실습	3	1	
	2010	2학기	CCT600	산업안전	1	0	
	2009	1학기	MSA902	디스플레이 공학개론	3	0	
	2009	1학기	MSA600	용접접합 및 실습	3	1	
	2009	1학기	MSA410	복합재료학	3	1	
	2010	2학기	MSA802	공학설계 II	1	1	
	2009	1학기	MSA792	공학설계 I	1	1	
합계					57	12	
MSC (30)	2008	1학기	BSM190	미분방정식	3		
	2005	2학기	BSM120	미적분학 II	3		
	2005	여름	BSM110	미적분학 I	3		
	2005	1학기	BSM520	전산활용 및 실습	3		
	2005	1학기	BSM310	일반물리학 및 실험 I	3		
	2005	1학기	BSM710	일반화학 및 실험 I	3		
	2005	2학기	BSM560	프로그래밍	3		
	2005	2학기	BSM320	일반물리학 및 실험 II	3		
	2005	1학기	BSM210	대학기초수학	3		
	2005	2학기	BSM720	일반화학 및 실험 II	3		
합계					30		
전문 교양 (18)	2005	2학기	LAN121	보고서 작성 및 의사소통	3		
	2008	1학기	TAM110	기술과 사회	2		
	2005	1학기	LAN330	영어회화 I	1		
	2005	1학기	LAN310	영어 I	2		
	2011	여름	LAN321	영어 II	3		
	2005	1학기	LAN350	기초영어	2		
	2008	2학기	LAN131	한자와 언어생활	2		
	2008	2학기	SHB410	사회봉사	1		
	2009	1학기	TAM160	생활과 화학	2		

	2010	2학기	SHB461	인체와 건강	3		
	2010	2학기	LAN611	일본어 I	3		
	2008	2학기	SHB231	골프	0		
	2010	2학기	EDU251	HRD개론	2		
	2005	1학기	EDU110	교육학개론	2		
	2008	2학기	EDU140	교육과정 및 교육평가	2		
	2009	1학기	EDU230	교육행정 및 교육경영	2		
	2009	1학기	EDU160	교육사회	2		
	2008	2학기	EDU190	교육철학 및 교육사	2		
	2005	2학기	EDU290	진로 및 경력개발	2		
	2005	2학기	EDU271	원격교육론	2		
	2008	1학기	BSM380	고체물리학	3		
합계					43		

2) 공학인증 이수현황 분석

전공 및 설계과목

- 전공과목 현재 57/60학점 이수
- 전공설계 학점 12/18학점 이수
- 현 학기 전공 12학점 , 설계 4학점 이수 중

⇨ 전공학점 완료, 설계학점 다음 학기 3학점 이수 예정

MSC 교과목

- MSC 과목 현재 30/30학점 이수

⇨ MSC 교과목 이수 완료

전문교양과목

• 전문교양 43/18학점 이수

⇨ 전문교양과목 이수 완료

4 My 설계과목

1) 공학인증 설계과목

학년	학기	과목명	설계학점	등급
2학년	1학기	재료공학실습 1	1.5	
	2학기	재료공학실습 2	1.5	
		창의적 공학설계	2	
3학년	1학기	공학설계 1	1	
		용접접합 및 실습	1	
		복합재료학	1	
	2학기	공학설계 2	1	
		분체가공 및 실습	1	
		오엘이디 및 실습	1	
		비파괴검사 및 실습	1	
합계			12	

2) 재료공학실습 I

설계주제

재료의 분류와 재료의 물적 특성을 파악하고, 기계부품에 맞는 재료를 선정

설계개요

재료공학도로서 재료의 기계적 특성을 파악하는 방법을 배우기 위하여 탄소함량에 따른 시편을 제작하고, 인장시험 및 경도시험 등과 같은 특성평가를 실시한다. 동적하중에 대한 재료의 내구성을 파악하기 위해서 온도별 파괴시험편을 제작하고 이를 통해서 연성취성천이온도를 구하고 재료의 파괴특성을 분석한다. 각 비파괴 시험법을 익혀서 재료의 결함 분석능력을 습득한다.

설계목적

재료공학도로서 기초적인 재료의 기계적 특성을 파악하는 각 시험법을 익히고, 조건에 따른 기계특성을 파악하는 능력을 기른다.

담당교수

○○○교수님

설계과제 내용 요약

재료공학의 기초를 닦기 위하여 재료에 대한 기계적 특성 파악을 하기 위한 인장시험 및 경도측정, 연성취성천이온도를 구하는 충격시험방법과 재료의 결함을 파악할 수 있는 비파괴검사법 중 침투탐상, 자분탐상, 초음파탐상법을 기초로 배웠다. 다양한 재료의 특성 파악법을 통해 재료에서 중요한 요소를 고려하여 기계부품에 있어서 그 부품이 사용되는 환경을 분석하고 그곳에 알맞은 재료를 선정하는 과정을 과제로 실시하였다.

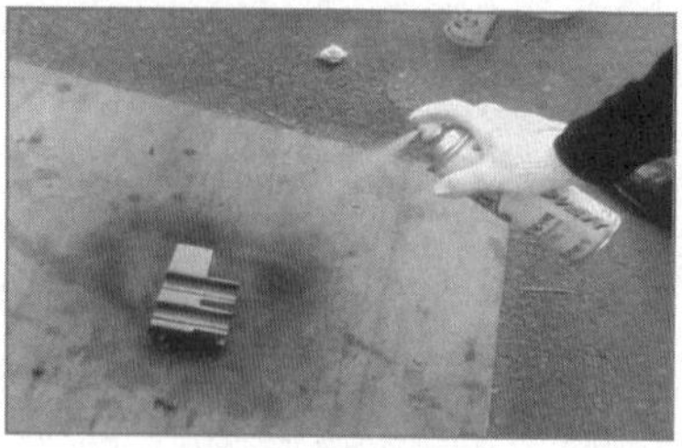

침투탐상 실습과정

자분탐상 실습과정

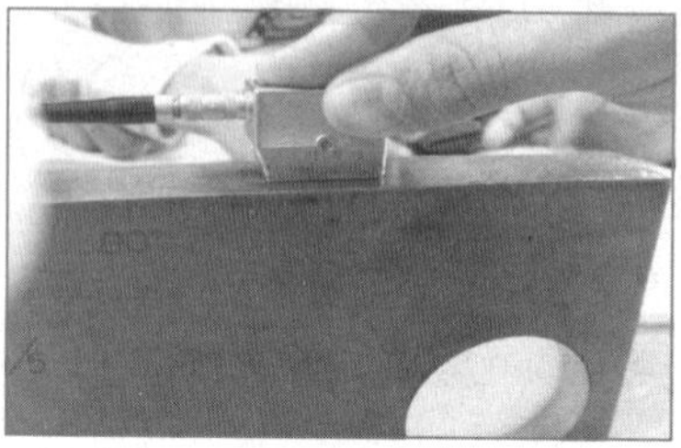

초음파 실습과정

샤르피 충격시험기

과제를 통해 배운 점

설계과정을 통해서 하나의 공정을 실시함에 있어서 변수를 설정할 때 어떻게 변수를 설정하면 적은 실험 횟수로도 전체적인 파악을 할 수 있는지에 대한 체계를 배울 수 있었고, 설계과정뿐만 아니라 다양한 실험장비들을 다루는 법을 배울 수 있었다. sputtering, peel test, 전해질 도금, XRD 분석, α-step과 같은 다양한 장비의 사용법 및 이에 더하여 박막특성 파악 및 도금특성을 파악하는 법을 배울 수 있었다.

3) 창의적 공학설계

설계주제

구동이 가능한 종이배 설계 및 제작

설계개요

제한된 가격, 종이라는 재료만을 이용하여 전기적 동력장치가 없이 종이배를 제작하여 구동 및 평가하는 것으로 설계의 전체적인 흐름을 그 속에서 인지하고 습득한다.

설계목적

설계과정에서 제한된 조건을 극복하는 설계능력을 습득하고, 체계적인 설계과정을 익힌다. 설계에 앞선 여러 가지 아이디어 도출기법을 학습하고 습득하는 것을 목적으로 한다.

담당교수

○○○교수님

설계과제 내용 요약

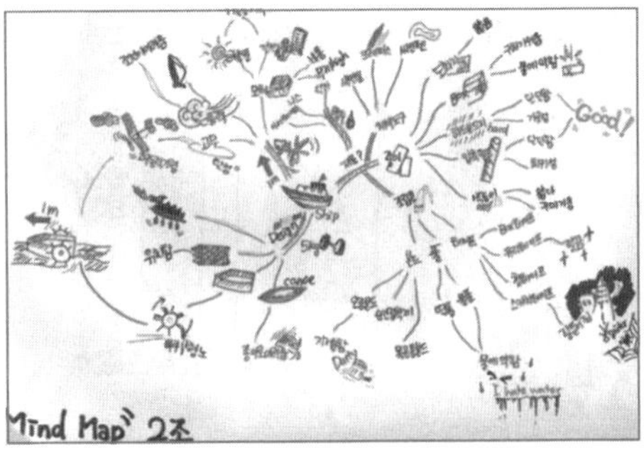

마인드맵을 통한 아이디어 도출

4~5명을 한 조로 편성하여 종이라는 재료를 사용하여 구동이 가능한 종이배를 제작하는 것이 설계과제였다. 체계적인 설계과정을 습득하기 위하여 이론시간을 통해 설계과정에서 고려해야 할 사항들과 전반적인 설계 프로세스에 대해 배웠다. 즉 설계목적을 분명히 하고 제한된 조건을 분석하며, 아이디어는 어떠한 방법으로 도출하는지, 팀프로젝트로서 팀원 간의 다른 의견을 어떠한 의사결정기법을 통해서 수렴할 것인지

에 대한 기법을 통해서 개념설계를 하고, 설계진행계획을 세우고, 직접 제작 및 평가하고 고찰을 하는 전체적인 과정을 수행하였다. 우리 조의 경우에는 포스트잇을 이용한 브레인스토밍기법과, 마인드맵기법을 통하여 아이디어를 도출하고, 퍼트기법을 통하여 의사결정에 도움을 얻었다. 또, 각 아이디어를 설문지를 통하여 다양한 사람들의 의견을 수렴하여 최종설계를 실시하였다.

6. 과제를 통해 배운 점

창의적 공학설계 교과목을 통한 설계과제를 수행하면서, 체계적인 설계절차에 대해 배울 수 있었다. 막연한 설계보다 아이디어 도출부터 시작하여 개념설계에서 최종 제작 및 평가에 이르기까지 설계의 틀을 따라서 프로젝트를 진행하였기 때문에 설계능력을 향상시킬 수 있었다. 각종 아이디어기법과 의사결정기법은 이번 설계뿐만 아니라 앞으로 여러 가지 과제를 수행함에 있어 많은 도움이 될 것 같다.

최종 제작한 종이배 사진

Chapter 4 Enjoy the studying

1 My 교과목 이수현황 및 성적

1) 학기별 이수과목 및 성적

학기	교과목명	학점	성적
2005학년 1학기	전산활용 및 실습	3	
	일반물리학 및 실험 I	3	
	대학기초수학	3	
	일반화학 및 실험 I	3	
	기초영어	2	
	교육학개론	2	
	영어 I	2	
	영어회화 I	1	
	CAD실습	2	
취득학점: 21 평점평균: ______ 환산점수: ______			
2005학년 2학기	프로그래밍	3	
	일반물리학 및 실험 II	3	
	미적분학 II	3	
	일반화학 및 실험 II	3	
	보고서 작성 및 의사소통	3	
	진로 및 경력개발	2	
	원격교육론	2	
	디스플레이기초실습	2	
취득학점: 21 평점평균: ______ 환산점수: ______			
2005학년 여름학기	미적분학 I	3	
취득학점: 3 평점평균: ______ 환산점수: ______			

2008학년 1학기	미분방정식	3	
	고체물리학	3	
	금속재료학	3	
	재료공학실습 I	3	
	재료과학 I	3	
	재료열역학	3	
	기술과사회	2	
취득학점: 20 평점평균: ______ 환산점수: ______			
2008학년 2학기	교육과정 및 교육평가	2	
	교육철학 및 교육사	2	
	사회봉사	1	
	골프	0	
	재료과학 II	3	
	재료공학실습 II	3	
	열물질이동	3	
	금속강도학	3	
	창의적 공학설계	2	
	한자와 언어생활	2	
취득학점: 21 평점평균: ______ 환산점수: ______			
2009학년 1학기	교육사회	2	
	교육행정 및 교육경영	2	
	생활과 화학	2	
	디스플레이공학개론	3	
	공학설계 I	1	
	용접접합 및 실습	3	
	복합재료학	3	
	전자기재료학	3	
	재료전기화학 및 실습	3	
취득학점: 22 평점평균: ______ 환산점수: ______			

2010학년 2학기	인체와건강	3	
	산업안전	1	
	HRD개론	2	
	일본어 I	3	
	분체가공 및 실습	3	
	비파괴검사 및 실습	3	
	공학설계 II	1	
	오엘이디 및 실습	3	
취득학점: 19 평점평균: ______ 환산점수: ______			
2011학년 여름학기	영어 II	3	
취득학점: 3 평점평균: ______ 환산점수: ______			
총 취득학점: 130 총 평점평균: ________ 환산점수: ________			

2) 성적변화 그래프

	2005학년 1학기	2005학년 2학기	2005학년 여름학기	2008학년 1학기	2008학년 2학기	2009학년 1학기	2010학년 2학기	2011학년 여름학기
학점	3.95	4.31	4.5	4.43	4.5	4.5	4.5	4.5

② My 중등교직 이수현황

1) 중등교직과정

영역	해당 교과목	이수요건
HRD필수	교육학개론(2), HRD실습(2)	전 과정 필수 4학점 공통적용 (중등교직과정은 HRD실습 대신에 교육실습을 이수해야 함)
HRD- I	리더십커뮤니케이션(2), 프리젠테이션 및 실습(2), 기업학습조직론(2), 창의력개발론(2), 진로 및 경력개발(2), 진로지도 및 상담(2), HRD개론(2), 기업내교육론(2), 직무분석(2), 성인교육론(2), 교수설계 및 개발(2), e-learning개론(2), 메카트로닉스교과교육론(2), 건축교과교육론(2), 마이크로티칭(2), 교육매체개발 및 실습(2), 신기술교수법 및 실습(2), 직무분석(2)	• 중등교직과정 HRD- II 필수 16학점 HRD- I 영역 선택 6학점을 반드시 이수해야 함
HRD- II	교육과정 및 평가(2), 교육사회(2), 교육심리(2), 교육행정 및 교육경영(2), 교육철학 및 교육사(2), 교과교재연구 및 지도법(2), 교과교육론(2), 교육실습(2)	

2) 나의 이수현황

- HRD 필수(4학점): 교육학개론(2) ⇨ 교육실습 다음 학기 이수 예정
- HRD-Ⅰ(선택 6학점): 진로 및 경력개발(2), HRD개론(2), e-learning개론(2) ⇨ 완료
- HRD-Ⅱ(필수 16학점): 교육과정 및 평가(2), 교육사회(2), 교육행정 및 교육경영(2), 교육철학 및 교육사(2) ⇨ 교과교재연구 및 지도법, 교과교육론 현재 이수 중, 교육심리, 교육실습 다음 학기 이수 예정

3 My 주요 과제물

과목명: 교육사회

과제주제

체험을 통한 배움

과제개요

여행을 통해서든 놀이를 통해서든 자신이 원하는 활동을 통해 배움을 얻는 것으로 다양한 주제를 설정하여 활동을 하고 그 속에서 느낀 점을 통해서 배움을 실천한다.

과제목적

작은 일, 사소한 것에서부터 큰일들까지 우리 주변에서 일어나는 크고 작은 일들 속에서도 가치를 창출할 수 있는 사고력을 기른다.

담당교수

○○○교수님

과제내용 요약

교육사회과목에서 일일체험을 통해서 우리가 무엇인가를 느끼고 배워야 하는 과제를 수행했다. 조별로 다양한 주제가 나왔고 우리 조의 경우에는 지하철 일일체험을 주제로 설정하였다. 지하철의 첫차와 막차를 이용하는 사람들을 인터뷰하고 새벽을 열고 닫는 사람들의 이야기 속에서 많은 것을 배워보고 느껴보고자 하는 것이 목적이었다. 우리 조는 첫차와 막차에 탄 사람들의 꿈, 가치관 그리고 시간을 어떻게 관리하고 사용하는지에 대한 인터뷰를 진행하였다. 대부분 첫차의 경우에는 직장인들도 많았지만 새벽에 학원수업을 들으러 가는 대학생들도 많았다. 막차의 경우에는 회식을 하고 늦게 귀가하는 술취한 승객들이 많았으며 이를 통해서 첫차와 막차의 분위기는 이미 확연히 달라졌다. 하루를 시작하는 밝은 첫차의 분위기와는 다르게 막차의 분위기는 모두들 지쳐 보이고 힘들어 보였다. 첫차 막차의 승객뿐만 아니라 지하철역을 관리하는 직원 분들과의 인터뷰를 통해서도 많은 것을 느끼고 배울 수 있던 시간이었다.

과제를 통해 배운 점

첫차의 경우에는 같은 대학생으로서 새벽에 자기계발을 위해서 멀리까지 학원을 다니는 대학생을 인터뷰하면서 자신의 꿈과 비전을 위해서 항상 노력하는 모습에 큰 자극을 받았다. 내 자신을 돌아보자면 아침에 10분이라도 더 자려고 발버둥을 치는데 어느 한편에서는 저렇게 노력하는 사람들이 있다는 것을 알았을 때 나도 나의 삶을 개선하기 위해서 정신차리고 시간의 가치를 높여야겠다는 생각을 하였다. 멋진 꿈을 가지고 살아가는 승객이 있던 반면에

또 그저 하루하루 지겹게 살아가는 승객들도 많이 보였다. 그들의 얼굴에는 웃음보다는 지치고 피곤한 모습뿐이었다. 그들에게는 목표와 비전이 없었고 되는 대로 살아가는 것이 전부였다. 이와 같이 여러 사람을 만나 봄으로써 내가 본받고 앞으로 나의 인생을 어떠한 모습으로 만드는 것이 바람직한 것인지에 대한 고찰을 해 볼 수 있었고 부수적으로 낯선 사람에게 인터뷰를 부탁하고 진행하는 것이 소심한 성격을 가졌던 나로서는 어려웠었는데, 이 과제를 통해서 개선하고 보완할 수 있었다.

2) 과목명: HRD 개론

과제주제

소시오드라마 제작

과제개요

소시오드라마를 제작을 팀 단위로 실시하고 이러한 과정을 통해서 소시오드라마의 의미를 이해한다. 이 소시오드라마를 통해서 직장생활에서 발생하는 문제와 그 해결방법을 표현해 본다.

과제목적

소시오드라마 제작을 통해서 직장생활에서 생길 수 있는 갈등은 무엇인지, 그리고 해결방안은 무엇인지에 대해 생각해 보고 소시오드라마의 의미와 이해도를 높인다. 이에 더불어 팀작업을 통한 팀프로젝트 수행능력을 기르고 부수적으로 영상제작능력을 과제를 통해 간접적으로 습득토록 한다.

담당교수

○○○교수님

과제내용 요약

우리 조는 직장생활에서 발생하는 갈등의 원인을 성격유형, 즉 MBTI 이론으로 접근하였다. 각각의 성격유형에 따라서 잘할 수 있는 직무와 잘하지 못하는 직무가 있을 수 있는데 직장에서의 리더는 이러한 점을 잘 파악하고 이에 따라 업무를 분배하는 능력을 가져야 한다는 것을 드라마를 통해서 표현하고자 하였다.

우리는 드라마에 등장하는 인물들의 학창시절을 통해서 어떤 성격을 지니고 있는지를 표현하고 그것이 후에 직장생활에 있어서 어떻게 영향을 미치는지를 표현하였다. 잘못된 업무분배가 업무효율을 저하시키고 성과를 저하시

키지만 후에 성격유형에 따른 올바른 업무분배를 통해서 마지막에 업무효율이 오른다는 것을 드라마를 통해서 표현하였다.

과제를 통해 배운 점

드라마를 통해서 드라마의 대본을 직접 작성해 보고 또 드라마라는 영상매체를 통해서 우리가 전달하고자 하는 메시지를 간접적으로 드러내기 위한 과정에서 여러 가지 의견을 내 보고 수정하는 과정을 통해서 팀작업능력뿐만 아니라 개인적으로도 창의적인 사고능력을 기를 수 있었다. 드라마 제작이기 때문에 각종 그래픽적인 요소가 중요했는데 디자인공학이 아닌 신소재공학을 전공하는 나로서는 이번 기회를 통해서 컴퓨터 그래픽과 관련된 부분에서도 개인적인 개발을 할 수 있어서 참 뿌듯하고 좋았던 시간이었다. 우리가 제작한 드라마가 좋은 평가를 받았을 때의 보람은 아직도 잊혀지지 않는다.

3) 과목명: 재료전기화학

과제주제

재료전기화학의 분야 발표

과제개요

재료전기화학과 관련된 여러 가지 분야 중에서 한 가지 주제를 설정하여 조사를 통하여 발표자료를 구성하고 발표를 통해서 여러 사람에게 이해시키는 것을 과제로 한다.

과제목적

자료의 조사뿐만 아니라 체계적으로 발표자료를 구성하고 또 실제발표를 통해서 청중들을 이해시키는 것을 목적으로 이를 통해서 정보활용능력 및 커뮤니케이션능력 그리고 프레젠테이션능력을 함양시킨다.

담당교수

○○○교수님

과제내용 요약

재료전기화학의 여러 분야 중에 우선 대표적으로 전지의 경우가 있는데, 이러한 전지도 태양전지, 연료전지, 1차 전지, 2차 전지 등 그 종류가 다양하다. 이 중에서 내가 발표를 맡게 된 부분은 2차 전지 중에서 납축전지인데, 흔히 자동차용 배터리로 많이 사용되는 전지다. 전지의 구성은 음극, 양극, 전해질로 구성되어 있으며 이들 사이에 격리판이 존재하고, 전지의 구동은 산화환원 반응을 통하여 일어난다.

납축전지에 사용되는 물질로는 음극에는 Pb, 양극에는 PbO_2를 사용하며 전해질로는 묽은 황산용액을 사용한다. 납축전지는 극판군이라고 불리우는 여러 극판이 적층으로 쌓여 있는 것을 기본적인 구조로 하는데, 이러한 것을 단전지라고 부르며 하나의 단전지당 약 2.1V의 전압을 가진다. 따라서 6V 또는 12V의 축전지는 3개 또는 6개의 단전지로 구성되어 있는 것이다. 납축전지의 화학적 반응을 보면,

- 음극의 경우는: $Pb + SO_4^{2-} \rightleftarrows PbSO_4 + 2e^-$
- 양극의 경우는: $PbO_2 + 4H^+ + SO_4^{2-} + 2e^- \rightleftarrows PbSO^4 + 2H^2O$

• 전체반응: PbO_2(양극) + $2H_2SO_4$(전해액) + Pb(음극) $\rightleftarrows$

$PbSO_4$(양극) + $2H_2O$(전해액) + $PbSO_4$(음극)

위와 같은 반응을 통해서 전지가 구동된다.

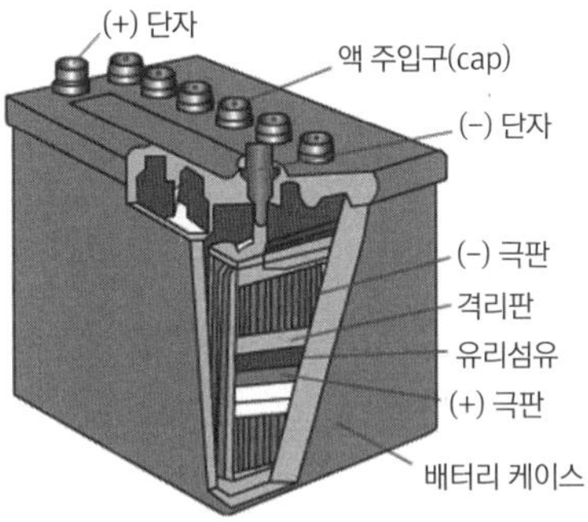

배터리 구조

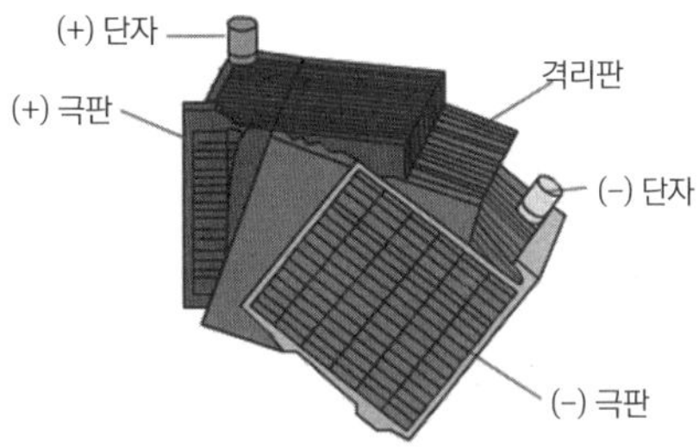

배터리 극판 구조

과제를 통해 배운 점

이 과제를 통해서 재료전기화학의 주요 응용분야인 전지분야에 대한 기초적 지식을 확립할 수 있었고 또한 발표를 통해서 커뮤니케이션능력 및 프레젠테이션능력을 기를 수 있었다. 내가 알고 있는 지식을 남에게 전달하는 과정에서 중요한 것은 무엇이고 어떻게 하면 중요한 점을 청중들에게 쉽게 인식시킬 것인가에 대한 고민을 발표 전에 해 봄으로써 발표준비를 하는 실무능력을 기를 수 있었다.

Chapter 5 Activities in school

1 My 동아리활동

1) 족구동아리(조커)

동아리 목적

족구동아리로 정기적인 족구활동 및 학교 내 족구대회 운영

동아리 내 나의 역할

세터로서 역할을 수행하고 있으며 족구동아리의 창단멤버이다.

활동사진(생략)

동아리활동 사항

고등학교 시절부터 족구를 전문적으로 해 온 형을 통해서 동아리활동을 본격적으로 시작하게 되었다. 족구라는 스포츠가 단순히 동네에서 가볍게 할 수 있는 놀이라고만 생각해 왔었지만 그 형을 만난 후로 족구도 정말 전문적인 스포츠라는 것을 알게 되었다. 형이 대학 내에서도 족구를 전문적으로 할 수 있도록 족구동아리를 만들어 보자고 제안하였고 처음에는 친한 친구들끼리 모여서 형을 주축으로 동아리를 창단하게 되었다. 이후 각자 동아리에서 맡은 역할을 열심히 수행하면서 동아리를 키워 나갔고 학교 내에서 정기적인 족구대회까지도 개최하게 되었다. 지금은 다른 여러 과에서 족구에 관심 있는 친

구들이 함께 모여서 족구동아리를 운영하고 있다. 하나의 행사를 치르기 위해서 서로 협력하고 돕는 과정을 통해서 대인관계능력이라든지 의사소통능력을 키울 수 있었고, 창단멤버라는 자부심을 바탕으로 애착을 가지고 더욱 열심히 활동했던 동아리여서 그런지 조직문화를 이해하는 데 많은 도움이 되었다.

이뿐만 아니라 족구가 사회활동에 많은 도움이 되는 스포츠라는 것을 깨닫게 되었고, 관련된 기술과 정보에 대해서도 많이 알게 되었다.

2. 헬스동아리(플렉스)

동아리 목적

함께 모여 운동을 하고 건강에 대한 지식공유 및 학교 내 헬스장 시설물 관리

동아리 내 나의 역할

일반 동아리 회원

활동사진(생략)

동아리활동 사항

당시의 헬스동아리 회장이 학과 선배였기 때문에 동아리를 자연스럽게 잘 알게 되었고 건강관리를 위해서 헬스운동을 체계적으로 배워 보고자 가입하게 되었다. 가입 후 막내로서 헬스장 청소도 담당하며 헬스장을 전반적으로 관리하였다. 또 선배들에게 헬스운동에 대해 체계적으로 배워서 식단관리라든지 운동 시에 부상을 당하지 않기 위해 어떠한 자세로 운동을 해야 하는지와 올바른 운동법에 대해서 배울 수 있었다. 학교 행사 시에 동아리 공연 때 선배들이 자신의 몸을 뽐내는 것을 보면서 나도 운동에 대한 동기부여가 되었

으며 현재는 헬스운동법에 대해서 잘 숙지하고 있다.

② My 학생회활동

1) 2학년 2학기 부과대

학생회 내 나의 역할

학과 학생회로서 2학년 2학기 부과대 역할을 수행하였다.

나의 활동사항

학년 부과대로서 과대를 보조하며 수업이 원활하게 진행되도록 수업준비를 하며, 또 학과행사 시에 학생들의 참여도를 높이기 위해 연락을 취하고 참여를 유도하는 역할을 수행하였다. 학교행사 시 행사를 원활히 진행하도록 그때그때 맡은 역할수행에 최선을 다하였다. 또한 부과대로서 2학년 학우들 간의 관계증진을 위해 노력하였다.

활동사진(생략)

활동을 통해 배운 점

물론 과대가 아닌 보조역할로서의 부과대이지만 직책만 부과대일 뿐 열심히 노력하며 학년과 학과를 위해서 일했다고 생각된다. 2학년이라는 하나의 그룹 내의 소조직에 불과하지만 그 속에서 리드를 하는 역할을 수행하면서 사람을 다룰 때 어떻게 다뤄야 하는지 또 내가 맡은 역할수행이 잘못되면 전체 조직에 어떤 영향을 미칠 수 있는지 등을 알게 되면서 책임의식과 더불어 봉사의식이 많이 성장하였다.

2학년 생활이 정말 알차고 모두가 즐거웠던 시간이 된 것만큼 보람도 느끼고 앞으로 어떤 조직에서의 중요역할을 담당하는 것에 대한 자신감이 생겼다.

2) 학생회 문화부 차장

학생회 내 나의 역할

학과 학생회로서 문화부 차장 역할을 담당하였음

나의 활동사항

문화부 차장으로 주로 학교행사가 있을 시 오락적인 측면을 많이 다루었다. 연합엠티에서 진행할 프로그램 등을 계획하고 실행하였다.

활동사진(생략)

활동을 통해 배운 점

2학년 때의 부과대 경험으로 학과에 도움이 되고자 자원하여 학생회에 들어갔는데 학년을 담당했던 부과대와 다르게 학과 전체를 위해 일을 해야 했기 때문에 좀 더 넓은 시각에서 일을 함으로써 리더십을 향상시킬 수 있었다. 학과를 위해 봉사를 하는 점도 큰 행사를 마친 후에 보람으로 다가왔다. 물론 학생회에서 학회장이라든가 부학회장이라든가 나아가 학교 전체의 학생회장과 같은 커다란 직책은 아니었지만 직책의 높고 낮음을 떠나서 학교와 학우들을 위해 봉사하며 일하는 것 자체만으로도 충분히 보람차고 값진 경험이었다.

Chapter 6 Moment with happiness

1 My 복지관 봉사활동

○○복지관 및 △△사회복지관

봉사기관

- ○○복지관
- △△사회복지관

봉사내용

- 복지관 내 청소 및 점심식사 배급 보조
- 파견봉사를 통한 동네 어르신들 보조 역할

봉사시간

- ○○복지관: 2008.9.21～2008.11.21(30시간)
- △△사회복지관: 2009.9.24～2009.11.5(40시간)

봉사를 통해 느낀 점

고등학교 시절에는 RCY 활동을 통해서 많은 봉사활동을 하였다. 하지만 막상 대학에 와서 봉사를 이어나가기에는 어떤 단체에 소속되어 봉사를 했던 경험 때문인지 쉽지가 않았다. 하지만 사회봉사과목을 통해서 봉사활동을 시작하게 되었다. 물론 과목이수 때문에 봉사를 시작하게 되었지만 봉사 후 느낀

점은 매우 많았다. 요즘에 가장 많이 눈에 들어오는 것은 길거리에서 박스를 줍거나 길거리 모퉁이에 자리를 잡고 야채를 팔고 계시는 할아버지 할머니들이다. 그만큼 고령화 시대에 보살핌을 받지 못하는 어르신들이 많아지고 있다. 나에게도 할아버지가 계셨다. 지금은 돌아가셨지만 나에게 정말 소중한 분이셨기에 어르신들을 보면 할아버지 생각에 할 수 있는 한에서는 도와드리고 싶은 마음이 컸다. ○○복지관의 점심배급은 주로 어르신들을 위한 복지프로그램이기에 봉사기간 내내 좀 더 마음이 훈훈해졌는지도 모른다.

사실 재가어르신들을 도와주는 것이 가장 하고 싶었던 봉사였지만 그 일은 자주 할 수가 없고 어르신들의 점심식사를 돕는 일을 많이 했다. 그 당시에는 식당일이 어르신들에게 무슨 도움이 될까 하는 생각이 든 것도 사실이다. 하지만 이런저런 봉사를 하는 과정에서 깨달은 것은 직접 나서서 참여하는 봉사도, 봉사기관에 도움을 주는 것도 모두 봉사라는 큰 틀에서 의미 있는 일이라는 것이다. 이 같은 ○○복지관의 봉사를 시작으로 휴학기간에는 집에서 가까운 △△사회복지관에 찾아가 마찬가지로 어르신들의 점심식사를 돕는 봉사를 하였다. 거창한 봉사는 아니었지만 나름 봉사기간 동안 앞으로의 사회는 혼자만 배불리 먹는 사회가 아닌 따뜻하게 서로 나누며 보살피는 사회가 되기를 바라는 한 사람이 되었다.

② My 해외 봉사활동

KUT 필리핀 해외 봉사단 1기

주최기관

○○대학교 및 Green Asia

활동내용

- 필리핀 현지 불우한 학생들의 학습환경 개선
- 교육봉사를 통한 한국문화 알리기
- 주제발표를 통한 필리핀의 문화 및 국제적 빈곤문제의 이해

활동사항

일시	주요 내용
1/5(수)	인천공항 출발 및 마닐라 도착
1/6(목)	산티아고 요새 탐방–'필리핀의 역사' 주제발표 ① 마닐라 톤도–바세코(빈곤지역) 견학(CAMP 합류)–'국제적인 빈곤문제' 주제발표 ② 마닐라 톤도–사와따 견학(ZOTO)
1/7(금)	타워빌(활동지역) 탐방 봉사활동(학교페인트 작업)
1/8(토)	봉사활동(학교페인트 작업)
1/9(일)	봉사활동(학교페인트 작업) / '필리핀의 교육' 주제발표 ③
1/10(월)	교육활동–부채만들기 교육 봉사활동(학교담장 쌓기)

1/11(화)	현지한국기업방문(옵티스 현지상호 OPI) '필리핀의 빈곤문제' 주제발표 ④
1/12(수)	봉사활동(학교담장 쌓기) 교육활동 홈스테이 가정방문 프로그램 진행(1가정 2명)–교류활동, 인터뷰
1/13(목)	홈스테이 가정별로 조식 봉사활동(학교담장 쌓기 마무리) 교육활동–부채만들기 교육
1/14(금)	마을축제준비 봉사활동(학교담장 쌓기 마무리) 마을축제–음식&후원물품 나누기 작별 인사
1/15(토)	따가이따이 커피농장 체험(커피수확 등)–'에코투어' 주제발표 ⑤
1/16(일)	따알호수 견학 쇼핑(MOA) 마닐라 니노이 아키노공항 도착 및 출국수속
1/17(월)	마닐라 니노이 아키노공항 출발 인천공항 도착 · 해산식

봉사활동 후기

■ 나의 첫 해외 봉사활동

2010년이 지나가고 2011년 새해를 맞이하면서 나에게 가장 먼저 찾아온 이벤트는 필리핀 해외 봉사활동이었다. 많은 대학생에게 해외 봉사활동이라는 것은 당연히 취업을 위한 스펙으로 다가올 것이다. 나 역시 그러한 생각으로 이번 해외 봉사활동에 지원하게 되었다.

같은 과 동기 2명과 함께 해외 봉사단으로 선발된 나는 단순히 '나도 말로만 듣던 해외 봉사 스펙을 쌓게 되었구나.'라고 생각하였다. 그러나 첫 번째 오리엔테이션이 있던 날, 해외 봉사는 단순히 짐을 메고 다른 나라로 가서 일을 하고 돌아오는 단순한 활동이 아니라는 것을 깨달았다. 봉사하고자 하는 나라에 대한 공부, 현재 국제적 빈곤상태에 대한 깊은 고찰과 더불어 나아가 함께 봉사를 하게 될 학우들과의 새로운 인간관계형성 등 다양한 의미가 부여되어 있던 활동이었다.

나는 '리본'이라는 조의 부팀장을 맡게 되었다. 조이름은 'Reborn–다시 태어난다'는 의미와 '끈으로 묶인 하나의 매듭'이라는 본래 리본의 의미를 더해서 만들었다. 그렇게 다시 태어나기 위해 하나로 묶인 8명의 우리 리본조원들과 함께 본격적인 봉사활동 준비가 시작되었다. 기말고사 기간과 맞물려 시작되어서 그런지 처음에는 해외 봉사준비가 귀찮기도 하고, 가서 열심히 불우한 사람들을 돕고 돌아오면 되지 왜 이렇게 할 것이 많냐는 생각도 많이 했다. 하지만 시간이 거듭될수록 오리엔테이션을 통한 조별 주제발표는 봉사의 필요성에 대한 생각을 조금씩 강하게 만들어 주었다. 준비과정에서 의견이 엇갈리기도 하고 약간의 갈등도 생기고 우여곡절이 있어서 아쉬운 점도 있었지만 결국 그러한 모든 과정이 같은 목표를 향해 함께 나아가기 위한 하나의 발걸음이었다는 것을 봉사활동 후에 깨닫게 되었다.

봉사를 다녀온 나라는 필리핀이었다. 필리핀은 나에게는 익숙한 나라였는데, 학교 해외 어학연수 프로그램을 통해 2009년 1월 마닐라에 있는 UP에 어학연수를 다녀왔으며, 그 이후에도 휴학 중 개인적으로 필리핀어학원에서 6개월간 공부한 경험이 있었다. 내가 경험한 첫 해외 국가였고 또 친구들이 살고 있는 나라이기에 내게는 시작부터 특별한 의미가 있는 국가였다. 그렇기에 주제발표를 통해 필리핀에 대한 교육, 역사, 문화, 빈곤 등에 대한 고찰을 해 봄으로써 더욱더 이번 봉사활동이 단순히 노동력을 건네주고 온다는 안일한 생

각을 떨쳐 버리게 되었다.

주제발표 이외에도 현지에서 실시할 교육봉사프로그램도 준비하였는데, 다른 언어를 쓰는 현지사람들에게 어떻게 의사를 전달하고, 교육을 실시하는가에 대한 고민이 많았었다. 내가 맡은 교육봉사프로그램은 '부채 만들기' 프로그램이었다. 이 프로그램은 내가 주체가 되어 이끌었는데, 하나의 프로그램을 맡아서 이끌어야 하는 자리가 매우 부담스러웠던 것은 사실이지만 지금 생각하면 그 자리에서 많이 배운 것 같다. 3번의 오리엔테이션과 발대식 그리고 출발하는 날까지의 준비기간 동안은 단순히 해외 봉사라는 것이 내가 생각했던 것과는 많이 다른 것이라는 느낌만을 남긴 채 지나갔다.

■ 2011년 1월 5일 해외 봉사의 시작

○○ 해외 봉사단 1기는 2011년 1월 5일 저녁 비행기 출발과 함께 봉사의 첫걸음을 시작하게 되었다. 오랜만에 다시 타는 비행기 안에서는 봉사활동을 간다는 목적은 잊은 채 마냥 신난 기분이었다. 모두의 들뜬 기분을 떠안은 비행기는 현지시간으로 약 11시 30분 정도에 마닐라 공항에 착륙하였다. 더운 공기가 느껴졌다. 한국이 추운 겨울이었기에 송글송글 맺히는 땀방울은 모두에게 익숙하지 않았을 거라는 생각이 든다. 더불어 나에게는 익숙한 마닐라의 매연이 처음 경험하는 다른 학우들에게는 어땠을지 궁금하다. 우리는 도착해서 짐을 챙겨 버스를 타고 산티아고 요새 옆에 위치한 숙박시설에서 필리핀의 첫 밤을 보내었다. 한국에 비하면 열악한 숙박시설이었지만 앞으로 지낼 숙박시설 중에 가장 좋은 곳이라고 들었기에 약간의 두려움과 함께 잠이 들었다.

다음 날, 필리핀에서의 첫 식사는 필리핀 현지식으로 나왔는데 역시나 예상

했던 대로 바람에 날리는 밥알을 보면서 모두들 한마디씩 하는 것을 보고, 나는 경험자로서 이것저것 조원들에게 필리핀에 대해 이야기하기 시작했다. 그렇게 해외 봉사활동의 첫 아침은 필리핀 가이드로서도 첫날이 되고 말았다. 아침식사 후 우리는 산티아고 요새를 견학했는데 그곳은 나도 그전에 가 보지 못한 곳이어서 열심히 사진도 찍고 구경도 하였다. 그때까지만 해도 아직은 여행을 온 기분이었다. 매연은 심하지만 디지털카메라에 담긴 필리핀의 푸른 하늘을 보며 내가 다시 필리핀에 왔다는 것이 실감났다.

오후에는 톤도지역으로 빈민가 견학을 했다. 우리는 바세코와 사와따를 방문했는데, 그동안 지나다니면서 보았던 필리핀 빈민가보다 정말 더더욱 열악한 환경이었다. 크기도 다른 나무판자와 비닐 등을 이용해 만든 집은 빗방울 하나라도 잘 막아 줄 수 있을지 걱정이었다. 쓰레기 때문에 악취가 나는 오염된 물 위에 지은 플로팅하우스도 집이라기보다는 군대 시절 보았던 분리수거장을 생각나게 만들었다. 나도 7살 때까지는 판자촌에서 살았는데, 그 집은 이 정도는 아니었다는 생각이 든다. 판자촌에서 살아 본 경험이 있는 나도 정말 너무하다는 생각이 들었는데, 우리 ○○○ 봉사단은 정말 많은 것을 느꼈을 거라는 생각이 든다. 그렇게도 열악한 환경에서 살고 있으면서도 주민들은 우리를 반갑게 맞이해 주었고 무엇보다도 어린 아이들의 해맑은 웃음은 가슴 한구석을 찡하게 만들 정도였다. 나는 이런 아이들보다 가진 것도 많고, 먹을 것도 많고, 편히 쉴 집도 있는데, 그동안 더 가진 친구들과 비교하면서 '왜 나는 작은 집에 살고 있는지, 왜 나는 남들처럼 부잣집이 아닌 가난한 집에서 태어난 것인지' 같은 불평을 했던 것이 너무 부끄러웠다.

필리핀은 정말 웃음이 많은 나라인 것 같다. 특히나 외국인을 대하는 태도가 한국과는 너무 많이 달랐다. 우리 같았으면 뒤로 숨고 도망갔을지도 모르는 상황에도 모두들 반갑게 'hello' 또는 '아녕핫쎄요'라는, 비록 어색하지만 한국말로 인사를 해 주었다. 정말 행복이란 내가 가진 것에서 오는 게 아니라 내가 생각하는 것에서 온다는 것을 깨달았다.

그렇게 빈민가 방문까지 마친 우리는 앞으로 머물게 될 OMI 숙소로 이동하였다. 방 배정과 우리의 현지봉사를 안내해 주실 목사님의 강연을 듣고 나자 하루가 저물어 갔다. 그렇게 필리핀에서의 첫날은 들뜬 여행기분으로 시작해 필리핀의 빈곤현실에 대한 안타까움으로, 또 나 자신에 대한 작은 반성으로 보냈다.

■ 일, 땀, 그리고 정…

(이하 생략)

Chapter 7 To upgrade myself

1 My 해외 어학연수

1) University of the Philippines 단기어학연수

주최기관

○○대학교 및 University of the Philippines

연수기간

2009.1.19~2009.2.16

활동사항

- UP English program
- 필리핀 문화탐방

연수후기

IH기숙사의 winter program을 통해서 우연히 기회가 되어서 가게 된 2008년 2학기 동계 어학연수 프로그램은 나에게는 첫 해외 진출이었다. 처음에는 영어실력의 향상보다는 외국을 한 번 다녀오고 싶었다. 학교에서 지원해 주는 이러한 어학연수 프로그램은 경제적 부담도 덜어 줄뿐더러 더할 나위 없는 좋은 기회였기 때문에 신청하게 되었다. 연수를 받은 곳은 마닐라에 있는 University of the philippines로, 흔히 UP라고 부르는 필리핀에서 역사와 전통을 자랑하는 국립명문대학교였다. 우리나라로 치자면 서울대학교와 같은 곳이다. 이러한 우수한 곳에서 좋은 선생님들과 보낸 1달간의 연수는 영어실력뿐만 아니라 필리핀의 문화를 이해하고, 세상을 좀 더 넓게 볼 줄 아는 눈을 가지게 해 주었다. 1달이라는 짧은 기간이었지만 UP의 유능한 선생님들을 통해서 영어발음을 교정하고 영어로 대화하는 것에 대한 공포증을 없앨 수 있었다. 평일에는 주로 학교수업을 통해 영어공부를 하고 주말에는 틈틈이 필리핀에 주요 관광지를 돌아다니며 필리핀을 알아가는 기회를 가졌다. 필리핀은 우리나라보다 못사는 나라이지만 사람들의 표정에는 항상 웃음이 가득하고 가는 곳마다 우리를 매우 반갑게 맞아 주었다. 우리나라의 빨리빨리 문화와는 대조될 정도로 힘든 환경에서도 여유를 가지고 긍정적으로 살아가는 모습을 보면서 행복은 주변 환경이 아무리 좋다고 해서 얻어지는 것이 아니라 마음가짐에 달렸다는 것을 알았다. 1달간의 짧은 필리핀 생활을 알차게 보낼 수 있었던 것은 국제학사를 사는 동안 알게 된 필리핀 RA들 덕분이었다. 연수기간 동안에 그 친구들도 귀국해 있던 터라 그 친구들은 연구기간 내내 우리를 잘 안내해 주었다. 덕분에 필리핀의 전통음식, 주요 관광지, 사람들의 삶, 문화 등 여러 가지를 단기간에 많이 배울 수 있었다. 이번 연수를 통해서 기회가 된다면 다시 한 번 필리핀을 찾아 오랫동안 머물고 싶다는 생각을 가지게 되었다.

주요 활동사진(생략)

증명서(생략)

2) MMBS 필리핀 어학연수

주최기관

OK campus 및 MMBS 어학원

연수기간

2009.12~2010.6

활동사항

- MMBS 영어 program
- 필리핀 문화탐방
- 영어 스피치 콘테스트

연수후기

두 번째로 다시 찾은 필리핀. 이번에는 학교 프로그램이 아닌 개인적으로 필리핀에서 장기 영어연수를 받기 위해서 떠났다. 미국이나 유럽과 같은 선진국으로 영어연수를 다녀오고 싶었지만 필리핀 단기어학연수를 통해서 필리핀이 익숙하기도 했고 필리핀이 가지고 있는 장점, 즉 경제적 부담을 줄일 수 있고 충실한 1:1 프로그램 때문에 필리핀을 연수장소로 정하게 되었다. 같은 과 선배와 함께 필리핀을 가게 되었는데 필리핀 내에서도 작은 소도시를 정하여 영어공부에만 몰두할 수 있도록 계획을 세워서 갔다. 필리핀에 도착하여 연수받을 MMBS 어학원을 찾았을 때 느낀 점은 마닐라와는 달리 도시가 소박하고 조용하였다는 것이었다. 이 순간부터 6개월간의 긴 영어연수가 시작된 것이다. 어학연수를 오면 초심과는 달리 놀이문화에 빠져서 공부는 뒷전이고, 놀

다가 한국으로 귀국하는 케이스가 많다고 한다. 그러한 소문을 많이 들어서인지 우리는 더욱 독하게 영어공부에 몰두하기로 하였다. 다행인지 불행인지는 모르겠지만 우리에게는 흔히 배치 메이트라고 하는 함께 입학하게 되는 한국 친구들이 없었다. 그래서 자연스럽게 학원의 필리핀 선생님들과 친해지게 되었다. 여러 사람이 함께 모여서 그룹을 이루고 이리저리 여행 다니는 모습이 부러웠던 때도 있지만 경수 형과 나는 몇몇 한국 친구들을 제외하고는, 대부분 필리핀 선생님들과 방과 후 활동도 함께 했다. 그래서 그런지 자연스럽게 하루 종일 영어를 사용하는 환경이 되었고 그 덕분에 영어실력도 점차 많이 향상되었다.

필리핀 선생님들과 함께 지내다 보니 단기어학연수 때는 경험하지 못한 필리핀 문화활동을 함께 할 수 있었다. 지난번에 다녀오지 못했던 여러 관광지도 둘러보고 이번에는 필리핀의 교통수단도 거의 다 이용해 본 것 같다. 이번에도 느낀 것이지만 필리핀 사람들은 항상 밝고 명랑하다. 저런 어려운 환경 속에서도 어떻게 저렇게 긍정적일 수가 있는지 우리 한국 사람들이 많이 배워야 할 점이라는 생각이 든다.

6개월간의 학원생활 중 후반에는 학원에서 개최하는 영어 스피치대회에도 참가해 보았다. 그동안 갈고닦은 영어실력을 뽐내는 자리인데 남들 앞에서 영어로 스피치를 한다는 것이 생각보다 쉽지는 않았지만 나름 열심히 준비하고 연습하여 대회에 참가하였다. 결과는 아쉽게도 1등이 아닌 2등이었다. 1등은 아니었지만 2등이라는 결과도 결코 나쁜 성적이 아니었다. 6개월간의 영어연수는 성공적이었다고 말하고 싶다. 대회결과로 판단하는 것이 아니라 스스로 느끼기에도 영어에 대한 두려움이 없어졌고, 우스갯소리로 가끔 말싸움도 할 수 있을 정도의 영어실력을 가지게 되었다. 이제는 형식적인 영어를 넘어서 영어의 뉘앙스까지 공부하면서 고급영어공부를 하고 싶다. 6개월 동안의 두 번째 필리핀 생활은 정말 기억에 오래 오래 남을 것 같다. 필리핀에서 항상 우리를 챙겨줬던 모든 선생님들에게 너무 감사하고, 함께 공부했던 한국친구들에게도 고마운 마음을 전한다.

주요 활동사진(생략)

증명서(생략)

2 My winter program

1) 프로그램 개요

교내 영어기숙사인 International House에서 동계방학기간을 이용하여 영어능력 향상을 위한 다양한 프로그램 운영 및 영어연극공연

2) 영어연극활동

- 연극주제: Miracle Coin
- 연극내용: '기적의 동전'이라는 제목의 연극으로 전체적으로 2~3개의 작은 스토리가 존재하고, 각각의 스토리 안에는 가슴 아픈 사연들이 들어

있다. 하지만 주인공인 스크루지의 도움으로 각 스토리의 갈등이 해결되고 메인 스토리는 스크루지의 동전으로 인해서 갈등이 해결되면서 따뜻하게 마무리되는 내용이다.

3) 나의 활동 내용

Vacation English Program의 최종 목적은 다양한 프로그램을 통해 향상된 영어실력을 영어연극공연을 통하여 선보이는 것으로, 연극의 중요성이 무엇보다 크다. 나 또한 이 프로그램을 통하여 영어연극에 직접 참여하였고, 두 가지 배역을 담당하였다. 이웃집 아저씨와 아들 역할이었다.

4) 프로그램을 통해 배운 점

영어연극이라는 프로그램을 통해서 외국어로 감정을 표현하는 법을 연습할 수 있었다. 연극이라는 장르에서는 감정표현이 매우 중요한데, 그것을 또 영어로 말을 해야 하니, 처음에는 애를 먹기도 했다. 기계적으로 말하는 것이 아니라 억양과 톤의 차이를 주면서 감정을 실어서 표현하는 법을 이번 연극프로그램을 통해서 배울 수 있었다.

5) 주요 활동 사진(생략)

증명서(생략)

③ My 학회 참여

1) 실천공학교육학회

2) 대한공업교육학회

④ My 아르바이트

1) KFC part timer

기관

KFC 햄버거 & 치킨 패스트푸드점

직책 및 업무내용

Part timer/햄버거 및 치킨 제조, 청소, 카운터, 매장관리

근무기간

2004.7~2004.12

아르바이트 후기

고등학교 시절 처음으로 시작하게 된 아르바이트다. 흔히 고등학교 때에는 쉽게 아르바이트 자리를 구할 수 있는 패스트푸드점으로 향한다. 나 또한 친구들과 함께 아르바이트를 시작해 보고자 처음 찾아간 곳이 KFC이다.

첫 아르바이트라서 그런지 힘든 일인지 아닌지도 모른 채 시작하였다. 주변 사람들이 알바를 하려면 좀 쉬운 걸 하지 왜 급여도 적고 힘든 곳에서 하냐고 물어봤지만 한 달 두 달 경력이 쌓여 갈수록 일은 점점 쉬워지고 함께 일하는 사람들과도 정이 들고 나름 즐거웠던 시간이었다.

이 아르바이트를 통해서 배운 점은 우선 책임의식이다. 대기업에서 운영하는 체인매장으로서, 고객서비스가 최우선시되는 이곳에서는 한 사람 한 사람의 역할이 매우 중요하다. 한 사람만 잘못해도 매장운영에 차질이 생기고, 그로 인해서 고객의 불만이 생길 수 있기 때문이다. 힘들다며 대충대충 일을 하는 동료들도 많았지만 나는 내가 맡은 일에 대해서는 확실하게 잘 처리했다고 자부한다. 패스트푸드점이라는 특성상 빠른 서비스 또한 중요하다. 그래서 정해진 객관적 절차를 따르면서도 나름 주관적 실무요소를 삽입하여 일이 매끄럽게 진행되도록 노하우를 쌓아 갔다. 이 같은 노하우가 주변 동료들에게 전해지고 이로 인해서 매장의 업무흐름이 개선되어서 일을 잘한다고 칭찬도 많이 받았다. 또 상사들과의 관계에서도 너그러운 상사부터 까다로운 상사까지 나름 터득한 대인관계능력으로 잘 극복하면서 다른 아르바이트생보다 인정받을 수 있었다. 고등학생 신분이었던 10대에 경제적 요소와 연결된 업체에서 일을 하면서 사회생활에서 중요하다고 생각하는 몇 가지 점들을 미리 경험하고 배울 수 있었다.

2) cafe Tilt

기관

Cafe Tilt 커피전문점

직책 및 업무내용

Part timer/ 커피 및 기타음료제조, 매장관리, 청소

근무기간

2009.8~2009.9

아르바이트 후기

휴학 후 영어회화학원을 다니던 시절이었다. 학업에만 몰두하고 아르바이트는 하지 않기로 결심했었지만 친구의 부탁으로 아르바이트를 시작하게 되었다. 공부 때문에 두 달만 일을 하고 그만둘 수밖에 없었지만 이 기간 동안 배운 것이 참 많다.

우선 이 매장의 사장님은, 흔히 말하는 잘나가는 부자다. 카페 건물의 건물주로, 매출이 그리 많지 않은데도 카페를 운영하고 계신다. 매장은 강남 압구정과 논현동 사이에 위치하고 있다. 경제 마인드가 분명하셨던 사장님은 매장관리 또한 깐깐하게 챙기셨다. 매장 직원들도 매우 두려워했던 사장님이시지만 내게는 추석 때 선물도 챙겨 주시고 잘해 주셨다. 고등학교 때와는 달리, 대학생이며 군대를 다녀와서 그런지 사람을 대하는 나의 능력이 전과는 달랐다. 그래서 사장님이 원하시는 것이 무엇인지 잘 파악하며 일할 수 있었다. 어느 날 매장 청소를 하고 있었는데 다른 아르바이트생과는 달리 손이 잘 닿지 않는 곳까지 청소를 하였다. 그러던 중 사장님께서 오셨고 깔끔하게 청소를 하고 있는 모

습을 보시고 이렇게 열심히 일하는 아르바이트생은 처음이라며 추석 때 선물까지 주신 것이다. 이때 느낀 점은 어떠한 일을 하든 간에 요령보다는 맡은 일에 대해 최선을 다하는 자세야말로 누구에게나 인정받을 수 있는 가장 기초적인 밑거름이라는 것이다. 모두들 책임감 책임감 하지만 사실 힘든 일을 하다 보면 요령도 피우고 싶을 때가 있는 것이 당연한데 그때 자신과 타협하기보다는 정말 책임감을 준수하는 것이 중요하다는 것을 다시 깨우치게 되었다. 또 하나 배운 점은 동네가 부자동네여서 그런지 카페에 오는 손님들 대부분이 비즈니스를 하는 분들이셨다. 그래서 거래처를 설득하기 위해 노력하는 모습, 경제이야기 등 간접적으로나마 성공한 분들의 사회활동을 엿볼 수 있었다. 매장의 팀장님도 경제지식이 매우 풍부하셨는데, 인생에 꼭 필요한 재테크 노하우도 많이 가르쳐 주셔서 나의 인생설계에 있어서 많은 것을 생각해 볼 수 있었던 좋은 경험이었다.

3) ○○ 호텔 연회장

기관

○○ 호텔

직책 및 업무내용

Part timer/연회장 행사도우미, 음식서빙

근무기간

2009.9～2009.11

아르바이트 후기

주중 여러 번 일해야 했던 카페를 그만두고 친구의 소개로 원하는 요일에만 일을 할 수 있던 호텔 일을 시작하게 되었다. 주로 평일에는 공부를 하고 주말에 일을 하였는데 생각보다 일의 강도가 만만치 않았다. 아르바이트생들도 엄청나게 많아 여러 사람과 인간적으로 부딪히는 일도 많았다. 주로 했던 업무는 결혼식행사, 만찬행사 등을 준비하고 행사 중 음식을 서비스하는 웨이터 역할이었다. 각양각색의 손님들에게 최고의 서비스를 제공하기 위해서는 어떠한 요구에도 잘 맞춰 주는 것이 이 일의 가장 중요한 자질이었다. 아르바이트생은 많았지만 대부분 하루에서 이틀 정도 일하고는 그만둘 정도로 힘든 일이었다. 하지만 나는 먼저 그곳에서 오랫동안 일을 하고 있던 친구 때문에 힘들었던 시절을 견딜 수 있었다. 호텔 직원들도 아르바이트생들이 오래 일하지 않고 그만두기 때문에 인간적인 관계를 잘 쌓으려고 하지 않았다. 하지만 나는 친구에게 이것저것 물어 보고 또 직원들에게도 모르는 것이 있으면 물어보고 빨리빨리 배워서 업무를 잘 진행해 보려고 노력했다. 그러한 노력의 결과로 직원들도 차츰 나의 이름도 불러 주고 잡무보다는 중요한 일을 믿고 맡겨 주었다. 시키는 일만 해도 벅찬데 왜 굳이 시키지도 않는 일을 배워서 하려고 하는지 이해를 못하는 주변 아르바이트생들도 있었겠지만, 그들을 모른다. 배우면 배울수록 일이 더 편해진다는 것을 말이다. 이번 아르바이트도 길게 지속할 수는 없었지만 이 짧은 기간 동안 사회생활에서 인간관계는 일에 대한 책임감과 또 노력하는 모습으로 굳건해질 수 있다는 것을 알게 되었다.

Chapter 8 Presents that I've got

1 My 장학금 수혜

1. 학업성적우수장학금

장학내용

직전학기 성적 평점평균 3.5 이상인 자 중 성적순에 의해 학부(과),전공별 장학등급별 배정함. 1급 등록금 전액, 2급 등록금의 1/2, 3급 등록금의 1/3

수혜 현황

학년도	학기	장학종목	장학등급	장학금액
2006	1학기	학업성적우수	1급	2,030,000
2008	2학기	학업성적우수	2급	1,274,500
2009	1학기	학업성적우수	1급	2,453,000
2009	2학기	학업성적우수	1급	2,453,000
2011	1학기	학업성적우수	1급	2,457,000

2) 외국어학업장려장학금

장학내용

- TOEIC 760점, TOEFL(PBT 572점, CBT는 230점, IBT 89점), TEPS 645점 이상 취득자
- JLPT 1급, JPT 740점, 日檢(NIKKEN) 750점 이상 취득자

- 구 HSK 337점(8급) 이상 취득자, 2010.3.14 이후 취득자는 신 HSK 201점(5급) 이상 취득자
- 760점 이상(3급: 30만 원), 830점 이상(2급: 50만 원), 930점 이상(1급: 100만 원)

수혜 현황

학년도	학기	장학종목	장학등급	장학금액
2011	1학기	외국어특기자 학업장려	기타	300,000
2011	2학기	외국어특기자 학업장려	기타	200,000

3) 국가기술자격취득학업장려

장학내용

국가기술자격증(산업기사)취득자

수혜 현황

학년도	학기	장학종목	장학등급	장학금액
2011	1학기	국가기술자격증취득자학업장려	기타	50,000

② My 수상경력

1) 전국족구대회 대학부 우승

내용

제1회 전라북도교육감배 국민생활체육 전국초청족구대회에서 대학부 우승을 하였다. 족구동아리의 창단멤버로서 동아리활동을 열심히 하던 중 전북대학교에서 열리는 전국족구대회 대학부 부문에 참가하게 되었고, 당시 나의 역할은 감독이었다. 전국대회라는 타이틀 때문인지 매우 어려움을 겪을 것으로 예상되었지만 다행히도 그동안 갈고닦은 실력 덕분에 우리 팀이 학교의 이름을 걸고 출전한 대회에서 우승을 하게 되었다. (상장 생략)

2) 생활관배 족구대회 우승

내용

교내에서 매년 열리는 생활관배 족구대회에서 과 친구들과 함께 팀을 이루어 출전을 하였고 우승을 하게 되어 받은 상장이다. (상장 생략)

3) 자랑하고 싶은 나의 고등학교 시절 수상경력

1. 한국청소년연맹 총재 표창장(상장 생략)
2. 전국공업고등학교장회 회장 모범상(상장 생략)
3. 대한적십자사 총재 사회봉사부문 표창장(상장 생략)

Chapter 9 Challenge story

1 My 공모전

1) 소외된 90%를 위한 창의적 공학설계

공모전 개요

현재 지구는 상위 10%만을 위한 기술개발이 주를 이루고 있다. 하지만 이제는 소외된 우리 지구촌 이웃들의 삶을 개선시킬 수 있는 곳에 우리 공학의 지식을 사용해야 한다. 물이 없어서 식량이 부족해서 죽어 가는 지구촌 이웃들을 위한 창의적 공학설계를 통해 공학적 지식을 그들에게 도움을 줄 수 있는 방향으로 사용하는 것이 이 공모전의 주요 목적이다.

공모전 작품내용 요약

소외된 90%를 위한 창의적 공학설계 공모전에는 나를 포함해 4명의 학우들과 함께 참가하였다. 우리 팀의 주제는 필리핀에 봉사활동을 다녀온 경험을 바탕으로 필리핀 현지에 도움을 줄 수 있는 작품을 설계하는 것이었다. 작품의 주요내용은 '무동력 자동 강우차단 장치'다. 필리핀은 우기 때에는 많은 강수량으로 인해 농작물의 피해가 심하며, 특히 필리핀의 특산물이 건조과일 상품에 있어서 잦은 비는 불청객일 수밖에 없다. 햇빛을 이용하여 과일을 건조하다가 갑작스런 비로 인해서 피해를 입는 것을 방지하기 위해 이번 작품을 설계하게 되었는데, 비가 오면 사람의 힘이 없이도 비를 차단할 수 있도록 고안된 아이디어다. 아이디어 자체는 어찌 보면 간단할 수 있어도 적정기술이라는 것이 정말 현지에 필요한 기술이기에 우리는 이 작품을 출품하기로 결정하였다.

작품사진

결과 및 후기

결과는 아쉽게도 수상은 하지 못하였다. 하지만 이 공모전을 통해서 다시 한 번 공학도로서 설계과정에 대한 이해를 높일 수 있었다. 더불어 배움의 목적은 나 혼자만 잘 먹고 잘 살기 위해서가 아니며, 공학도로서 주변의 소외된 이웃에게 도움이 되도록 지식을 사용함으로써 지식의 진정한 가치를 실현할 수 있다고 생각하게 되었다. 적정기술에 대한 관심이 우리가 앞으로 크게 바라보고 다가가야 할 목적 중 하나가 아닌가 생각해 보게 되었다.

Chapter 10 For the future

1 My 꿈 목록

No	목표	달성 여부	No	목표	달성 여부
1	5개 국어 말하기		26	우주여행	
2	부동산 재테크 고수되기		27	청와대에서 식사하기	
3	주식 및 보험관련 지식습득		28	사진기술 배우기	
4	무술배우기(유도)		29	스킨스쿠버하기	
5	80개국 이상 여행하기		30	전원주택 구입하기	
6	200곳 이상의 맛집 찾아가기		31	부모님 집 사드리기	
7	대학교에서 강의하기		32	광고제작 해 보기	
8	피아노연주하기	○	33	특허내기	
9	색소폰연주하기		34	책 출판하기	
10	기타연주하기		35	외제차 3대 보유하기	
11	내 옷 만들어 보기		36	요트 보유하기	
12	캐리커처 배우기		37	경비행기 보유하기	
13	일러스트레이션 배우기	○	38	별장 보유하기	
14	포토샵 배우기	○	39	공인중개사 자격증 따기	
15	작곡, 작사해 보기		40	유명 학회지에 논문 투고하기	
16	테니스 배우기	○	41	길거리할머니 야채 전부 사기	
17	골프 배우기		42	성경완독하기	
18	10억 이상 만들기		43	2명의 아이 가지기	
19	최고급 호텔에서 투숙하기		44	스키 배우기	
20	백두산 천지 다녀오기		45	신문에 나오기	
21	속독법 익히기		46	방송출연하기	
22	박사학위 따기		47	4.5학점 받아 보기	○
23	스카이다이빙 해 보기		48	대기업 입사해 보기	
24	번지점프 해 보기		49	산삼 캐보기	
25	자전거로 국내여행 다녀오기		50	목소리 교정하기	○

2 My Vision 선언서

현재 나의 취업역량은 어떠하며, 앞으로 어떻게 향상시킬 것인가?

구분	현재	향후
• 국제화능력(외국어 성적) –영어(토익, 토플, OPIC 성적 등) –제2외국어(중국어, 일어, 한자 능력 등)	• 토익 860 • 일어초급	• 토익 950 • JPT 1급 • 한자 2급이상
• 정보화 능력 –엑셀, 파워포인트, MS/Officer 등 –기타 전공별 응용프로그램	• 초보 수준	• MOS자격증 취득 • 컴퓨터그래픽 마스터(포토샵,일러스트, 에프터이팩트)
• 취득학점 –총 취득학점 및 평점평균	• 130학점/평점: 4.37	• 150학점/평점: 4.45
• 기타 특기사항	• 없음	• 피아노, 색소폰 연주 • 공인중개사 자격증 • 속독

내가 가장 하고 싶은 직업(일, 직무)은 어떠한 분야인가?(3개 직무선정)

가장 하고 싶은 일(직무)	직 무 내 용 분 석
1. 기술연구	공학박사로서 새로운 기술 연구 및 개발
2. 마케팅	기술경영, 특허 분석, 기술기획, 기술전략
3. 운영업무	회사운영, 재정 및 정책관리

내가 가장 입학하고 싶은 대학원은 어디인가?(5개)

대 학 원 명	희 망 연 구 실
1. 한국기술교육대학교 MOT	기술기획, 기술전략 부문
2. 카이스트 MOT	기술기획, 기술전략 부문
3. 서울대학교 기술경영경제정책대학원	기술기획, 기술전략 부문
4. 서강대학교 MOT	기술기획, 기술전략 부문
5. 건국대학교 MOT	기술기획, 기술전략 부문

내가 꿈꾸는 직업생활은 어떠한 모습인가?

현재의 나	1년 후	5년 후	10년 후	20년 후
○○대학교 신소재공학과 4학년 재학생	○○대학교 MOT석사과정	한국산업기술 진흥원 사원	한국산업기술 진흥원 부장급	창업 후 CEO활동

부록 1
러닝 포트폴리오 개발가이드[1]

1) 목적

- 학습이력과 경력관리를 위한 러닝 포트폴리오(자신의 학습에 대한 최선의 자료모음집) 개발지원을 통하여 대학생들의 학습역량 제고에 기여
- 우수 러닝 포트폴리오의 발굴, 확산을 통하여 유익한 학습 및 경력관리 자원을 공유, 활용함으로써 학생들의 교육 및 취업역량 강화

2) 지원 개요

- 지원대상: 학부 재학생
- 지원기간: 매 학기별

1. 이 가이드는 대학생들을 대상으로 러닝 포트폴리오 작성(개발)을 지원하기 위한 내용으로 중고등학교 학생들을 대상으로 할 경우, 에듀팟(www.edupot.go.kr)과 연계하여 학생들의 창의적 체험활동을 체계적으로 정리해 나가는 데 활용 가능하다.

3) 진행 일정

프로그램 / 계획		일정 (1학기/2학기)	세부내용	비고
지원 안내 및 모집		2월 중순/ 7월 중순	• 러닝 포트폴리오 개발지원 안내 및 모집	학교(센터) 홈페이지 공지
신청 접수 및 오리엔테이션		2월 하순 또는 3월 초순/ 8월 하순 또는 9월 초순	• 러닝 포트폴리오 개발 오리엔테이션 –러닝 포트폴리오 소개 및 개발법 안내 –러닝 포트폴리오 개발 바인더 및 가이드북 제공 –러닝 포트폴리오 개발사례 소개 • 러닝 포트폴리오 개발을 위한 사전 설문조사	전체 혹은 개별 안내
학기별 러닝 포트 폴리오 작성 (개발)	계획	3월 초순~ 3월 중순/ 9월 초순~ 9월 중순	Part 1. 개인정보 작성하기 • 개인신상명세 • 자기소개 • 개인이력 • 기타 증빙자료 [참고 및 활용자료] • 1-1: 자기소개서 및 학습블로그 운영 예시 • 1-2: 미래계획, 나의 강점과 약점 기록양식 • 1-3: 이수학점 및 성적 기록양식 • 1-4: 외국어 및 컴퓨터 관련 능력 기록양식 • 1-5: 자격증 및 면허 기록양식	
	자료 수집 및 선정	3월 중순~ 6월 중순/ 9월 중순~ 12월 중순	Part 2. 학습활동 작성하기 • 학습신념(철학) • 학습목표 • 학습방법 • 학습내용	

			• 학습활동 • 학습결과 • 학습평가 • 학습활동 관련 자료 [참고 및 활용자료] • 2-1: 학습계획서 기록양식 및 학습계획서, 학습활동 목록 예시 • 2-2: 나만의 학습방법검사지 • 2-3: 학습전략검사지 • 2-4: 학습내용 및 학습활동 기록양식 • 2-5: 각종 보고서 및 발표자료 예시 • 2-6: 실험/실습활동 기록양식 • 2-7: 팀프로젝트 요약서 예시	
			Part 3. 학습 외 활동 작성하기 • 동아리, 학생회활동 • 봉사활동 • 연수 및 인턴십 • 연구 및 개발활동 • 공모, 공연, 작품활동 [참고 및 활용자료] • 3-1: 동아리, 학생회활동 및 봉사활동 기록양식 • 3-2: 국내외 연수, 인턴십 연구 및 개발 활동 기록양식 • 3-3: 공연 및 작품활동 기록양식	러닝 포트 폴리오 개발 가이드 [부록] 참조
	성찰	6월 하순/ 12월 하순	Part 4. 성찰활동 작성하기 • 학습목표에 대한 성찰 • 학습과정에 대한 성찰 • 학습결과에 대한 성찰	

<table>
<tr><td></td><td></td><td></td><td>[참고 및 활용자료]
• 4-1: 전공지식 응용능력과 기본소양 관점에서의 자기성찰 예시
• 4-2: 산업현장과 연계된 전문지식 관점에서의 자기성찰 예시
• 4-3: 영어활용능력 관점에서의 자기성찰 예시</td><td></td></tr>
<tr><td rowspan="2">결과물 제출</td><td>보완 및 검토</td><td rowspan="2">7월 초순/ 익년 1월 초순</td><td>Part 5. 기타 자료 작성하기
• 자신의 학습과정과 결과를 보여 줄 수 있는 기타 각종 자료 또는 결과물(증빙자료)
• 자신의 이력 및 경력을 보여 줄 수 있는 기타 각종 자료 또는 결과물(증빙자료)
[참고 및 활용자료]
• 5-1: 수상경력 및 장학금 수혜실적 기록양식
• 5-2: 인증서 및 자격증 예시</td><td>러닝 포트 폴리오 개발 가이드 [부록] 참조</td></tr>
<tr><td>조직화</td><td>• 러닝 포트폴리오 작성 바인드(결과물) 제출
• 러닝 포트폴리오 개발을 위한 사후 설문조사</td><td>바인더 (결과물) 차후 반환</td></tr>
<tr><td colspan="2">우수 러닝 포트폴리오 선정 및 시상</td><td>7월 하순/ 익년 1월 하순</td><td>• 우수 러닝 포트폴리오 선정
• 우수 러닝 포트폴리오 시상</td><td>참여 학생 및 관심 있는 학생</td></tr>
<tr><td colspan="2">러닝 포트폴리오 사례발표 및 전시</td><td>8월 중순~하순/ 익년 2월 중순~하순</td><td>• 우수 러닝 포트폴리오 사례 발표
-러닝 포트폴리오 개발 경험 공유
• 학습법 특강 개최 시 상시 전시
-러닝 포트폴리오 결과물(바인드) 전시</td><td>관심 있는 학생들과 공유</td></tr>
<tr><td colspan="2">러닝 포트폴리오 사례집 발간</td><td>익년 2월 하순</td><td>• 러닝 포트폴리오 개발사례집 발간</td><td>필요시</td></tr>
</table>

※ 사정에 따라 일정 일부 변경 가능

4) 세부 진행 일정

(1) 오리엔테이션

■ 일시

2월 하순 혹은 3월 초순(1학기) / 8월 하순 혹은 9월 초순(2학기)

■ 오리엔테이션 일정

순서	프로그램	세부내용
1	지원 안내	• 러닝 포트폴리오 개발 지원 안내
2	개발 안내	• 러닝 포트폴리오 개발 안내
3	질의응답	• 러닝 포트폴리오 개발 질의응답

■ 기타 사항

러닝 포트폴리오 개발을 위한 바인더 및 가이드북 제공

(2) 러닝 포트폴리오 개발 지원

■ 러닝 포트폴리오 구성요소에 의해 개발

구분	구성요소	세부내용	비고
Part 1. 개인 정보	개인신상명세	• 이름, 사진, 이메일, 홈페이지 또는 블로그 등	필수
	자기소개	• 성장과정, 자신의 목표(장기, 단기목표), 취미 및 관심사, 강점 및 약점 등	
	개인이력	• 학력, 경력, 자격, 연수 등	
	기타 증빙자료	• 졸업장, 성적증명서, 각종 이수증 등	권장

<table>
<tr><td rowspan="8">Part 2.
학습
활동</td><td>학습신념(철학)</td><td>• 학습(공부)에 대한 자신의 신념이나 철학</td><td rowspan="6">필수</td></tr>
<tr><td>학습목표</td><td>• 학습(공부)의 장단기목표</td></tr>
<tr><td>학습방법</td><td>• 자신만의 학습 노하우, 학습습관 및 전략</td></tr>
<tr><td>학습내용</td><td>• 학기(년)별, 교과(전공)별, 주제별 학습내용</td></tr>
<tr><td>학습활동</td><td>• 학습스터디, 튜터링, 학습블로그 활동 등</td></tr>
<tr><td>학습결과</td><td>• 학습노트, 보고서, 발표자료, 논문 등</td></tr>
<tr><td>학습평가</td><td>• 평가결과, 교수님으로부터의 피드백, 동료평가</td><td rowspan="2">권장</td></tr>
<tr><td>학습 관련 자료</td><td>• 학습활동 결과물 등</td></tr>
<tr><td rowspan="5">Part 3.
학습 외
활동</td><td>동아리,
학생회활동</td><td>• 동아리 및 학생회활동자료</td><td rowspan="2">필수</td></tr>
<tr><td>봉사활동</td><td>• 각종 봉사활동자료</td></tr>
<tr><td>연수 및 인턴십</td><td>• 국내외 연수 및 인턴십활동자료</td><td rowspan="3">권장</td></tr>
<tr><td>연구 및 개발
활동</td><td>• 프로젝트, 학회, 세미나활동자료</td></tr>
<tr><td>공모, 공연,
작품활동</td><td>• 각종 공모, 공연, 작품활동자료 등</td></tr>
<tr><td rowspan="3">Part 4.
성찰
활동</td><td>학습목표에
대한 성찰</td><td>• 학습목표 설정 및 실천에 대한 성찰(반성)</td><td rowspan="3">필수</td></tr>
<tr><td>학습과정에
대한 성찰</td><td>• 학습방법, 내용, 활동에 대한 성찰(반성)</td></tr>
<tr><td>학습결과에
대한 성찰</td><td>• 학습결과, 평가결과에 대한 성찰(반성)</td></tr>
<tr><td rowspan="2">Part 5.
기타
자료</td><td colspan="2">자신의 학습과정과 결과를 보여 줄 수 있는 기타 각종 자료 또는 결과물(증빙자료)</td><td rowspan="2">권장</td></tr>
<tr><td colspan="2">자신의 이력 및 경력을 보여 줄 수 있는 기타 각종 자료 또는 결과물(증빙자료)</td></tr>
</table>

■ 위 구성요소에 따라 개발하되, 구체적이며 창의적인 제시 적극 장려

① 구성요소에 대한 세부내용 중 자신의 학습을 고려한 독창적인 결과물 제

시를 권함

② 권장요소로 제시된 구성요소 외 기타 자료에 대한 모음 장려

■ 학습상담 및 컨설팅서비스 지원

① 학습상담 및 컨설팅과 연계하여 학습스타일, 학습전략검사 등 지원

② 희망하는 학생에 한해 학습상담 및 컨설팅 서비스 제공

부록 2
러닝 포트폴리오 구성요소별 활용자료

구성요소	자료유형	비고
Part 1. 개인정보	• 개인신상명세 –이름, 사진, 이메일, 홈페이지 또는 블로그 등 • 자기소개 –성장과정, 자신의 목표(장기, 단기목표), 취미 및 관심사, 강점 및 약점 등 • 개인 이력 –학력, 경력, 자격, 연수 등	구체적으로 자세하게 작성 (A4 용지 5~7쪽 내외 분량)
	• 기타 증빙자료 –졸업장, 성적증명서, 각종 이수증 등	관련 증빙 자료 포함
	[참고 및 활용자료] • 1-1: 자기소개서 및 학습블로그 운영 예시 • 1-2: 미래 계획, 나의 강점과 약점 기록양식 • 1-3: 이수학점 및 성적 기록양식 • 1-4: 외국어 및 컴퓨터 관련 능력 기록양식 • 1-5: 자격 증 및 면허 기록양식	
Part 2. 학습활동	• 학습신념(철학) –학습(공부)에 대한 자신의 신념이나 철학 • 학습목표 –학습(공부)의 장단기 목표 • 학습방법 –자신만의 학습 노하우, 학습습관 및 전략 • 학습내용 –학기(년)별, 교과(전공)별, 주제별 학습내용 • 학습활동 –학습스터디, 튜터링, 학습블로그 활동 등 • 학습결과 –학습노트, 보고서, 발표자료, 논문 등	구체적으로 자세하게 작성 (A4 용지 2~3쪽 내외 분량)

	• 학습평가 −평가결과, 교수님으로부터의 피드백, 동료평가 • 학습 관련 자료 −학습활동 결과물 등	관련 증빙 자료 포함 (대표적인 자료 선별 제시)
	[참고 및 활용자료] • 2−1: 학습계획서 기록양식 및 학습계획서, 학습활동 목록 예시 • 2−2: 나만의 학습방법검사지 • 2−3: 학습전략검사지 • 2−4: 학습내용 및 학습활동 기록양식 • 2−5: 각종 보고서 및 발표자료 예시 • 2−6: 실험/실습활동 기록양식 • 2−7: 팀프로젝트 요약서 예시	
Part 3. 학습 외 활동	• 동아리, 학생회활동 −동아리 및 학생회활동자료 • 봉사활동 −각종 봉사활동자료	관련 증빙 자료 포함 (활동자료, 사진, 동영상 CD 등 제시)
	• 연수 및 인턴십 −국내외 연수 및 인턴십활동자료 • 연구 및 개발활동 −프로젝트, 학회, 세미나활동자료 • 공모, 공연, 작품활동 −각종 공모, 공연, 작품활동자료 등	관련 증빙 자료 포함 (결과물 자료, 팸플릿, 사진, 동영상 등 제시)
	[참고 및 활용자료] • 3−1: 동아리, 학생회활동 및 봉사활동 기록양식 • 3−2: 국내외 연수, 인턴십 연구 및 개발활동 기록양식 • 3−3: 공연 및 작품활동 기록양식	
Part 4. 성찰활동	• 학습목표에 대한 성찰 −학습목표 설정 및 실천에 대한 성찰(반성) • 학습과정에 대한 성찰 −학습방법, 내용, 활동에 대한 성찰(반성) • 학습결과에 대한 성찰 −학습결과, 평가결과에 대한 성찰(반성)	구체적으로 자세하게 작성 (A4 용지 2~3쪽 내외 분량)

	[참고 및 활용자료] • 4-1: 전공지식 응용능력과 기본소양 관점에서의 자기성찰 예시 • 4-2: 산업현장과 연계된 전문지식 관점에서의 자기성찰 예시 • 4-3: 영어활용능력 관점에서의 자기성찰 예시	
Part 5. 기타 자료	• 자신의 학습과정과 결과를 보여 줄 수 있는 기타 각종 자료 또는 결과물(증빙자료) • 자신의 이력 및 경력을 보여 줄 수 있는 기타 각종 자료 또는 결과물(증빙자료)	관련 증빙 자료 포함 (결과물 자료, 증빙자료 등 제시)
	[참고 및 활용자료] • 5.1: 수상경력 및 장학금 수혜실적 기록양식 • 5.2: 인증서 및 자격증 예시	

러닝 포트폴리오 개발 바인더 견본

참고 및 활용자료 1-1. 자기소개서 및 학습블로그 운영 예시

Part 1. 개인정보(1)

■ 자기소개서

■ 학습블로그 운영

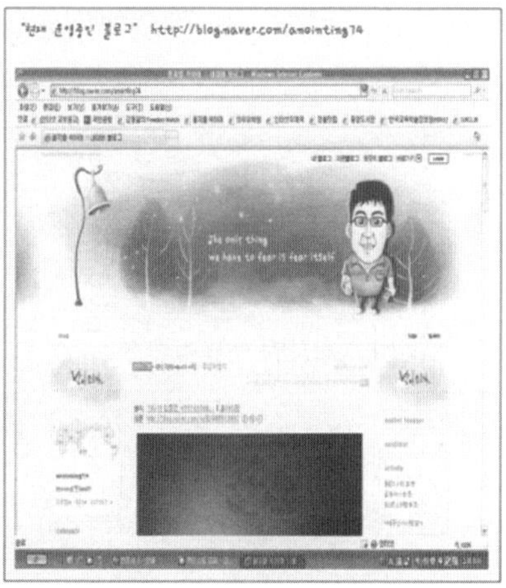

참고 및 활용자료 1-2. 미래계획, 나의 강점과 약점 기록양식

Part 1. 개인정보(2)

■ 미래 계획

	구분	1학년	2학년	3학년	4학년
1	원하는 직업				
2	원하는 인생 모습				
3	대학원 진학 또는 취업 여부				
4	학년별 장기목표				
5	학년별 단기목표				

■ 나의 강점과 약점

구분		강점	약점	보완 계획
1학년	1학기			
	2학기			
2학년	1학기			
	2학기			
3학년	1학기			
	2학기			
4학년	1학기			
	2학기			

참고 및 활용자료

1-3. 이수학점 및 성적 기록양식

Part 1. 개인정보(3)

■ 이수학점 및 성적

학년	학기	이수학점	평점/만점	환산(100점)
1학년 (20)	1			
	2			
2학년 (20)	1			
	2			
3학년 (20)	1			
	2			
4학년 (20)	1			
	2			

* 관련 증빙자료 포함

참고 및 활용자료 1-4. 외국어 및 컴퓨터 관련 능력 기록양식

Part 1. 개인정보(4)

■ 외국어능력 [상/중/하]

구분	1학년		2학년		3학년		4학년	
	1학기	2학기	1학기	2학기	1학기	2학기	1학기	2학기
reading/writing								
listening								
TOEIC 점수								
기타 점수								
원서 사용 교과목								
어학능력 향상활동								

* 관련 증빙자료 포함

■ 컴퓨터능력 [상/중/하]

구분	1학년		2학년		3학년		4학년	
	1학기	2학기	1학기	2학기	1학기	2학기	1학기	2학기
S/W								
H/W								
기 타								

* 관련 증빙자료 포함

참고 및 활용자료

1-5. 자격증 및 면허 기록양식

Part 1. 개인정보(5)

■ 자격증 및 면허

구분	자격증/면허증 이름	취득일자	시행처	자격증 번호	증빙자료 색인
1					
2					
3					

* 관련 증빙자료 포함

참고 및 활용자료

2-1. 학습계획서 기록양식 및 학습계획서, 학습활동목록 예시

Part 2. 학습활동(1)

■ 학습계획서

학년	학기	학습목표	학습방법	학습계획
1학년 (20　)	1			
	2			
2학년 (20　)	1			
	2			
3학년 (20　)	1			
	2			
4학년 (20　)	1			
	2			

■ 학습계획서

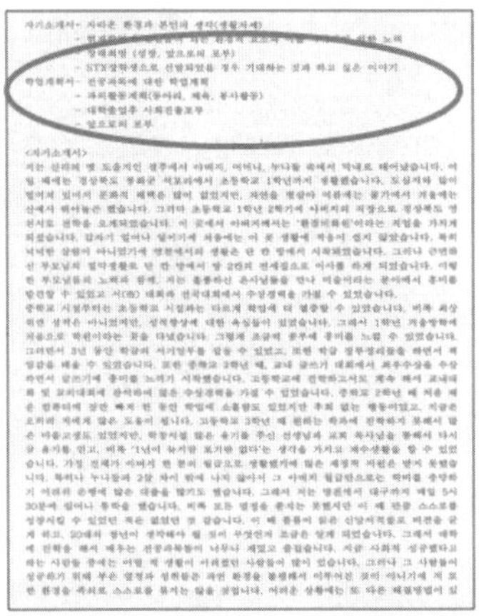

■ 학습활동목록

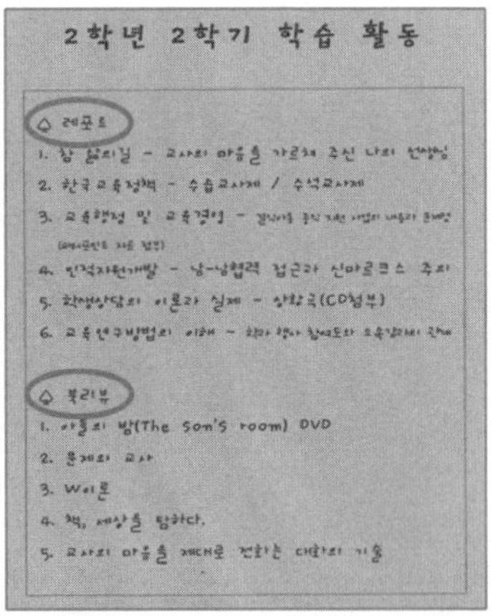

2학년 2학기 학습 활동

◇ 레포트

1. 참 삶의 길 – 교사의 마음을 가르쳐 주신 나의 선생님
2. 한국교육정책 – 수습교사제 / 수석교사제
3. 교육행정 및 교육경영
4. 인적자원개발 – 남-남협력 접근과 신마르크스 주의
5. 학생상담의 이론과 실제 – 상황극(CD첨부)
6. 교육연구방법의 이해

◇ 북리뷰

1. 아들의 방(The Son's room) DVD
2. 훈계의 교사
3. W이론
4. 책, 세상을 탐하다.
5. 교사의 마음을 제대로 전하는 대화의 기술

참고 및 활용자료 2-2. 나만의 학습방법검사지

나만의 학습방법검사

이 검사는 여러분의 공부하는 요령, 습관, 태도 등을 알아서 보다 능률적이고 효과적으로 공부하는 데 필요한 여러 가지 도움을 주기 위해 만들어진 학습방법검사입니다.

공부하는 습관과 태도는 사람에 따라 다르며, 맞는 답과 틀린 답이 있을 수 없고, 또한 좋은 답과 나쁜 답이 있을 수 없습니다. 그러므로 검사문항을 잘 읽고 정직하게 답하면 됩니다.

이 검사는 40개의 문항으로 구성되어 있으며, 답하는 요령은 문항을 하나씩 차례대로 읽어가면서 그것이 평소 자기 자신이 공부할 때의 요령, 습관, 태도와 어느 정도 일치되는가를 표시하면 됩니다.

이 검사는 시간이 제한되어 있지는 않습니다. 그러나 될 수 있는 대로 빨리 답하고, 한 문제라도 답하지 않고 넘어가는 일이 없도록 주의하시기 바랍니다.

※ 출처: 황병철(2007).

번호	문항내용	전혀 그렇지 않다	가끔 그렇다	보통 그렇다	대체로 그렇다	항상 그렇다
1	공부방과 책상 위 등은 깔끔하게 정리해 둔다.	①	②	③	④	⑤
2	공부시간표가 따로 없고 마음이 내키는 대로 공부한다.	①	②	③	④	⑤
3	우리 반에 나를 괴롭히는 친구가 있어서 학교에 가기 싫다.	①	②	③	④	⑤
4	전에 배운 내용과 다음 날 배울 내용을 알고 있는지 생각해 본다.	①	②	③	④	⑤
5	책을 읽다가 가끔 멈추어서 읽은 내용을 이해했는지 생각해 본다.	①	②	③	④	⑤

6	한번 기억한 내용을 잊어버리지 않기 위해 가끔 반복한다.	①	②	③	④	⑤
7	일요일이나 공휴일에는 따로 공부할 계획을 세운다.	①	②	③	④	⑤
8	책을 읽고 난 후 읽은 내용을 간단히 요약해 본다.	①	②	③	④	⑤
9	친구들과 노느라고 숙제나 공부를 하지 못할 때가 있다.	①	②	③	④	⑤
10	친구들이 미처 생각하지 못한 새로운 것을 생각해 내기도 한다.	①	②	③	④	⑤
11	계획을 세운 것을 효과적으로 실천했는지 생각해 보지 않는다.	①	②	③	④	⑤
12	책을 읽을 때는 미리 전체 내용을 대충 한번 훑어 보고 읽기 시작한다.	①	②	③	④	⑤
13	텔레비전을 보거나 라디오를 듣느라고 공부를 하지 못할 때가 있다.	①	②	③	④	⑤
14	항상 보는 것도 그냥 보아 넘기지 않고 꼼꼼하게 살펴본다.	①	②	③	④	⑤
15	공부시간표를 만들지만 그대로 실천하기가 어렵다.	①	②	③	④	⑤
16	무엇을 기억해야 할 때는 정신을 집중한다.	①	②	③	④	⑤
17	시험 칠 때 아는 문제인데도 답을 틀릴 때가 있다.	①	②	③	④	⑤
18	텔레비전은 정해진 시간에만 보고, 노는 것도 정해진 시간에만 한다.	①	②	③	④	⑤
19	어떤 일이 일어나면 그 원인과 결과를 찾아내려고 한다.	①	②	③	④	⑤
20	학교에서 배운 내용을 일상생활에 어떻게 응용할 것인지 생각해 본다.	①	②	③	④	⑤

21	학원을 많이 다니기 때문에 공부할 시간이 항상 모자란다.	①	②	③	④	⑤
22	시험공부를 할 때 책은 별로 보지 않고 주로 참고서를 본다.	①	②	③	④	⑤
23	책을 읽으면서 중요하다고 생각되는 것에는 밑줄을 긋거나 표시를 해 둔다.	①	②	③	④	⑤
24	시험이 끝난 다음 문제마다 답을 알아본다.	①	②	③	④	⑤
25	책을 읽다가 어려운 내용이 나오면 알기 쉬운 말로 바꾸어 본다.	①	②	③	④	⑤
26	책을 읽으면서 앞뒤 내용을 서로 연결해서 꼼꼼하게 생각해 본다.	①	②	③	④	⑤
27	시험지를 받으면 문제를 대충 훑어본 다음 답하기 시작한다.	①	②	③	④	⑤
28	시험을 친 후 틀린 문제는 왜 틀렸는지 다시 확인하면서 공부한다.	①	②	③	④	⑤
29	새로 배운 내용은 전에 배운 내용과 어떤 관계가 있는지 생각해 본다.	①	②	③	④	⑤
30	책을 읽을 때 중요한 것이 어느 것인지를 찾아 가면서 읽는다.	①	②	③	④	⑤
31	중요하다고 생각되는 것을 찾아 가면서 읽는다.	①	②	③	④	⑤
32	공부하고 난 다음 처음의 계획대로 공부했는지를 생각해 본다.	①	②	③	④	⑤
33	시험 문제를 다 풀고 나서 답을 맞게 썼는지 신중히 살펴본다.	①	②	③	④	⑤
34	책을 읽을 때는 무엇을 이해해야 할 것인지를 생각하며 읽는다.	①	②	③	④	⑤
35	이미 알고 있는 것에 대해서도 여러 가지 의문을 가지고 다시 생각해 본다.	①	②	③	④	⑤

36	몸이 약해 지각이나 결석, 조퇴를 할 때가 있다.	①	②	③	④	⑤
37	공부한 내용에 대해 스스로 질문해 보고 답할 수 있는지 점검해 본다.	①	②	③	④	⑤
38	많은 내용을 이해해야 할 때는 비슷하거나 또는 반대되는 내용끼리 묶어서 이해한다.	①	②	③	④	⑤
39	공부하기 전에 공부할 과목, 분량, 시간에 대해 미리 계획을 세워 둔다.	①	②	③	④	⑤
40	선생님이 무서워서 학교에 가기가 싫고 수업시간이 되면 겁이 난다.	①	②	③	④	⑤

나만의 학습방법검사 결과 분석

아래에 제시되어 있는 각 하위요인별 문항에서 얻은 점수를 해당되는 곳에 적습니다. 문항번호 위에 밑줄이 그어져 있는 문항은 점수를 반대로 적습니다. 즉 1이면 5, 2이면 4, 3이면 3, 4이면 2, 5이면 1을 적습니다. 나머지는 그대로 적습니다.

학습전략영역		문항번호 / 얻은 점수											합계
1	시간관리 기술	문항	5	4	7	18	32	39	2	11	15		
		점수											
2	환경관리	문항	5	1	3	9	13	21	36	40			
		점수											
3	읽기기술	문항	5	5	8	12	23	25	26	30	34		
		점수											
4	기억기술	문항	6	10	14	16	20	29	31	35	37	38	
		점수											
5	시험기술	문항	17	22	24	27	28	33					
		점수											

앞에서 얻은 점수의 합계를 적어 놓았다가 마지막에 있는 간편규준표에서 해당되는 곳을 찾습니다. 그리고 그것에 해당하는 백분위(PR) 점수를 찾습니다. 만일 '시간관리기술'에서 얻은 점수의 합계가 20점이라면, 백분위점수는 60이 됩니다. 이것은 100명을 기준으로 했을 때 끝에서 40등이라는 의미입니다. 백분위 점수는 50점이 평균이며, 70점 이상이면 우수하다고 할 수 있습니다.

■ 간편규준표

백분위	시간관리	환경관리	읽기기술	기억하기	시험치기	백분위
99	38	33	38	53	29	99
99	36	32	36	51	28	99
95	35	31	34	48	27	95
90	34	30	32	45	26	90
85	32	28	32	43	24	85
80	30	27	30	38	23	80
75	28	25	28	36	21	75
70	25	22	25	33	19	70
65	23	19	23	29	17	65
60	20	17	20	27	15	60
50	19	15	19	24	14	50
45	17	13	17	21	13	45
35	15	11	15	18	12	35
30	13	9	13	15	11	30
25	11	7	11	12	10	25
20	9	5	9	9	3	20
15	7	3	7	7	7	15

■ 요인별 순위 비교표

구분	시간관리	환경관리	읽기기술	기억기술	시험기술	비고
백분위 점수(PR)						
순위						

- 백분위점수(규준표의 PR숫자)는 대체로 30이면 낮고, 31~70이면 보통이며, 70 이상이면 높다고 할 수 있습니다.
- 등수는 100명 중의 등수를 말합니다(100-백분위 점수) 결과를 분석해 보면 무엇이 부족한지에 대해 알 수 있습니다.

"무엇이 부족한지를 알고 나만의 학습방법을 보완해 나간다면
여러분도 공부 잘하는 칭찬받는 학생이 될 것입니다."

참고 및 활용자료 2-3. 학습전략검사지

학습전략검사

아래의 문항들은 여러분의 학습양식을 파악하기 위해 만들어진 것입니다. 다양한 학습행동과 관련된 문항을 읽어 보신 후 여러분이 평소에 얼마나 자주 그렇게 행동하는지 기입해 주십시오(① 전혀 없음에서부터 ⑤ 매우 자주까지).

이 검사지는 모두 77개의 문항으로 구성되어 있으며, 총 11개의 다양한 영역에 걸쳐 학습전략의 사용 정도를 측정하게 됩니다.

문항에 답할 때, 너무 오랫동안 생각하지 말고 평소 행동을 기준으로 가능한 신속하게 답해야 정확한 검사결과를 알 수 있습니다.

※ 출처: 독일의 학습전략검사(Wild & Schiefele, 1994). 강원대 CTL 번역

번호	문항내용	전혀 없음	거의 없음	가끔	자주	매우 자주
1	수업내용을 좀 더 체계적으로 잘 파악해 보기 위해 표, 그래프, 혹은 그림 등을 만든다.	①	②	③	④	⑤
2	수강하고 있는 교과목들의 내용이 서로 연관되는지를 생각해 본다.	①	②	③	④	⑤
3	지금 읽고 있는 글에 정말로 설득력이 있는지 스스로에게 물어본다.	①	②	③	④	⑤
4	학습내용을 반복해서 암기한다.	①	②	③	④	⑤
5	그 주제의 어떤 부분을 특히 중점적으로 공부해야 하는지를 학습하기 전에 생각해 본다.	①	②	③	④	⑤
6	어려운 글을 읽을 때는 나의 학습기술을 늘어난 학습부담에 맞추려고 한다(예: 읽는 속도를 늦춤)	①	②	③	④	⑤
7	친구들과 함께 교재를 읽거나 숙제를 한다.	①	②	③	④	⑤

8	학습내용을 명확하게 이해할 수 없을 때는 다른 참고문헌을 계속해서 찾아본다.	①	②	③	④	⑤
9	학습하고자 하는 분량을 결정했을 때, 그것을 마치려고 노력한다.	①	②	③	④	⑤
10	공부할 때 집중력이 쉽게 떨어지지 않는다.	①	②	③	④	⑤
11	공부할 때는 학습시간표에 따라 한다.	①	②	③	④	⑤
12	공부할 때는 집중이 잘 되는 장소에서 한다.	①	②	③	④	⑤
13	교재를 읽을 때 모두 이해하지 못하면, 부족한 부분을 찾아내어 보완, 다시 한 번 정독한다.	①	②	③	④	⑤
14	가장 중요한 내용을 요약하며 잘 기억나도록 한다.	①	②	③	④	⑤
15	공부한 내용에 관해 친구들과 토론하는 시간을 갖는다.	①	②	③	④	⑤
16	이해 못하는 전공용어가 있으면 사전을 찾아본다.	①	②	③	④	⑤
17	새로운 개념을 실제현장에서 어떻게 적용할 수 있는지 생각해 본다.	①	②	③	④	⑤
18	교재에서 서술된 이론이나 해석이 충분한 증거들로 뒷받침되어 있는지 검토해 본다.	①	②	③	④	⑤
19	필기한 것을 몇 번씩 반복하여 읽는다.	①	②	③	④	⑤
20	공부하기 전에 어디까지 할 것인지 미리 결정한다.	①	②	③	④	⑤
21	학습할 내용에 대해 흥미가 없어도 노력해 본다.	①	②	③	④	⑤
22	하고 있는 일에 잘 집중한다.	①	②	③	④	⑤
23	언제 공부해야 할지에 대해 시간을 결정한다.	①	②	③	④	⑤
24	공부할 때 가능한 산만해지지 않도록 환경을 조성한다.	①	②	③	④	⑤
25	필기내용을 정독한 후 가장 중요한 요점들로 정리한다.	①	②	③	④	⑤
26	내 필기를 학과 친구들의 것과 비교해 본다.	①	②	③	④	⑤
27	정보가 부족하면 다양한 출처들(예: 강의노트, 교재, 학술지 등)을 찾아본다.	①	②	③	④	⑤
28	새로운 개념이나 이론을 내가 이미 알고 있는 것들과 연결지으려고 시도해 본다.	①	②	③	④	⑤

29	교과서에서 수록된 주장이나 결론에 대한 다른 대안들이 있을 수 있는지 깊게 생각해 본다.	①	②	③	④	⑤
30	시험에서 중요한 내용을 잘 기억해 내기 위해 주요 개념들을 암기한다.	①	②	③	④	⑤
31	공부를 하기 전에 어떻게 하면 가장 효율적으로 할 수 있을지에 대해 생각해 본다.	①	②	③	④	⑤
32	학습내용이 너무 어렵거나 복잡해도 포기하지 않는다.	①	②	③	④	⑤
33	공부할 때 내 주의력은 한 곳에 잘 집중한다.	①	②	③	④	⑤
34	매일 몇 시간 동안 공부해야 할지에 대한 계획표를 짠다.	①	②	③	④	⑤
35	공부할 때 항상 같은 곳에서 한다.	①	②	③	④	⑤
36	학습내용을 잘 기억할 수 있도록 구성해 본다.	①	②	③	④	⑤
37	친구들이 교재내용에 대해 나에게 질문하도록 하고, 나 또한 그들에게 질문해 본다.	①	②	③	④	⑤
38	노트필기가 완벽하지 못할 때는 참고도서를 찾아본다.	①	②	③	④	⑤
39	학습한 내용을 눈앞에 떠올려 본다.	①	②	③	④	⑤
40	지금 공부하고 있는 내용을 출발점으로 하여 내 자신의 아이디어를 발전시켜 본다.	①	②	③	④	⑤
41	중요한 전공용어들을 요약표를 만들어 암기한다.	①	②	③	④	⑤
42	어떤 순서로 공부해야 할지 사전에 꼼꼼히 따져본다.	①	②	③	④	⑤
43	꼭 필요한 경우에는 늦은 밤이나 주말에도 공부한다.	①	②	③	④	⑤
44	공부할 때 쉽게 집중이 된다.	①	②	③	④	⑤
45	각각의 학습단계를 위해 필요한 시간분량을 사전에 정한다.	①	②	③	④	⑤
46	공부할 때는 조용한 분위기를 조성하려고 한다.	①	②	③	④	⑤
47	노트필기, 수업교재 혹은 참고문헌의 주요사항을 정리하여 짧게 요약한다.	①	②	③	④	⑤

48	학습내용에 대해 전혀 이해할 수 없을 때에는 다른 사람의 도움을 받는다.	①	②	③	④	⑤
49	지금 공부한 내용과 내가 이미 알고 있던 것을 서로 연결해 보려 한다.	①	②	③	④	⑤
50	여러 텍스트의 서로 모순된 생각들을 연결해 보는 것이 아주 흥미롭다.	①	②	③	④	⑤
51	글을 정독한 후 각 단락이 끝날 때마다 외워 본다.	①	②	③	④	⑤
52	공부한 것을 모두 이해했는지 확인해 보기 위해 내용에 대해 스스로에게 질문해 본다.	①	②	③	④	⑤
53	공부를 시작하기로 결정하게 되기까지 대체로 오래 걸리지 않는다.	①	②	③	④	⑤
54	공부할 때 주의가 다른 곳으로 향하지 않는다.	①	②	③	④	⑤
55	공부하는 곳에서 모든 것을 쉽게 찾을 수 있다.	①	②	③	④	⑤
56	교재나 노트필기의 중요한 곳에는 밑줄을 친다.	①	②	③	④	⑤
57	명확하게 이해할 수 없는 부분이 있으면 친구들의 도움을 청한다.	①	②	③	④	⑤
58	학습한 내용에 대한 구체적인 예를 생각해 내려 시도해 본다.	①	②	③	④	⑤
59	글을 대체로 비판적으로 읽는다.	①	②	③	④	⑤
60	규칙, 전공용어 및 공식을 암기한다.	①	②	③	④	⑤
61	학습이 덜 된 부분을 찾기 위해 교재를 보지 않고 요약해 본다.	①	②	③	④	⑤
62	시험 전에 범위 전체를 다시 한 번 검토해 볼 수 있도록 시간을 충분히 갖는다.	①	②	③	④	⑤
63	내 집중력은 오래 간다.	①	②	③	④	⑤
64	가장 중요한 학습교재는 공부하는 곳에서 항상 금방 손이 닿는 곳에 있다.	①	②	③	④	⑤
65	공부할 분량이 많아지면 내용이 어떤 구조로 이루어져 있는지 적어 본다.	①	②	③	④	⑤

66	노트필기에 빠진 부분이 많을 경우에는 친구에게 가서 물어본다.	①	②	③	④	⑤
67	공부한 내용을 내 자신의 경험과 연결시킨다.	①	②	③	④	⑤
68	여러 다양한 이론들의 장 · 단점을 서로 비교해 본다.	①	②	③	④	⑤
69	교재와 필기를 통해 학습한 내용을 가능한 외운다.	①	②	③	④	⑤
70	내용을 잘 이해했는지 확인해 보기 위해 다른 연습문제들을 추가적으로 풀어 본다.	①	②	③	④	⑤
71	다른 친구들보다 공부에 더 많은 시간을 투자한다.	①	②	③	④	⑤
72	중요한 전공용어와 개념정의에 관한 표를 만든다.	①	②	③	④	⑤
73	공부한 내용이 내 일상생활에 도움되는지 생각해 본다.	①	②	③	④	⑤
74	학습한 것에 대해 비판적으로 검토해 본다.	①	②	③	④	⑤
75	내가 잘 이해했는지 확인하기 위해 공부한 내용을 친구들에게 설명해 본다.	①	②	③	④	⑤
76	시험을 잘 치를 수 있다는 확신감이 들 때까지 오랫동안 공부한다.	①	②	③	④	⑤
77	교재내용에 대해 확실하게 이해할 수 없을 때에는 다시 한 번 천천히 교재를 정독한다.	①	②	③	④	⑤

• 검사를 끝내셨습니까? 이제 검사결과를 참고하여 여러분의 학습전략검사 결과를 분석해 보시기 바랍니다.

학습전략검사 결과표

구분	문항번호 / 해당척도점수											합계
조직화하기	1	14	25	36	47	56	65	72				
정교화하기	2	17	28	39	49	58	67	73				
비판적 검토	3	18	29	40	50	59	68	74				
반복하기	4	19	30	41	51	60	69					
초인지전략	5	6	13	20	31	42	52	61	70	75	77	
노력하기	9	21	32	43	53	62	71	76				
집중하기	10	22	33	44	54	63						
시간관리	11	23	34	45								
학습환경	12	24	35	46	55	64						
스터디그룹	7	15	26	37	48	57	66					
학습교재	8	16	27	38								

나의 학습전략검사 결과 분석

여러 가지 학습전략 중에 응답한 문항들이 각각 어느 영역에 속하는지 알 수 있습니다.

ex) 11 / 23 / 34 / 45 문항은 시간관리영역에 속하고 이를 합하여 점수를 낸다.

전혀 없음(1점)에서 매우 자주(5점)까지 응답한 결과를 합산하여 점수를 내며, 합산한 점수와 만점을 비교하여 점수가 높을수록 긍정적인 결과로 해석할 수 있다.

학습전략 영역	영역별 내용 / 문항번호	점수/만점
조직화 하기	공부할 내용에 대해 스스로 재구성해 봄(요약하기, 표나 그래프 만들기)	/ 40
	1 / 14 / 25 / 36 / 47 / 56 / 65 / 72	
정교화 하기	새로운 학습내용을 기존의 지식구조에 잘 연결시켜 심층이해를 시도함.	/ 40
	2 / 17 / 28 / 39 / 49 / 58 / 67 / 73	
비판적 검토	비판적인 사고과정을 통해 공부한 내용을 좀 더 잘 이해함	/ 40
	3 / 18 / 29 / 40 / 50 / 59 / 68 / 74	
반복 하기	반복을 통해 암기함	/ 35
	4 / 19 / 30 / 41 / 51 / 60 / 69	
초인지 전략	공부할 내용과 분량에 대한 계획, 검사 및 상황에 적합한 학습전략의 선택 및 적용 포함	/ 55
	5 / 6 / 13 / 20 / 31 / 42 / 52 / 61 / 70 / 75 / 77	
노력 하기	목표를 달성하기 위해 기울이는 노력	/ 40
	9 / 21 / 32 / 43 / 53 / 62 / 71 / 76	
집중 하기	공부할 때 집중력을 기울이는 정도	/ 30
	10 / 22 / 33 / 44 / 54 / 63	
시간 관리	시간계획을 세워 이를 지키는 정도	/ 20
	11 / 23 / 34 / 45	

학습 환경	집중력이 잘 유지되는 효율적인 학습환경이 조성된 정도 12 / 24 / 35 / 46 / 55 / 64	/ 30
스터디 그룹	협동학습을 하는 정도 7 / 15 / 26 / 37 / 48 / 57 / 66	/ 35
학습 교재	심층이해를 위해 폭넓은 교재를 사용함 08 / 16 / 27 / 38	/ 20

참고 및 활용자료

2-4. 학습내용 및 학습활동 기록양식

Part 2. 학습활동(2)

■ 학습내용

학년	학기	교과 또는 주제	주요 학습내용
1학년 (20)	1		
	2		
2학년 (20)	1		
	2		
3학년 (20)	1		
	2		
4학년 (20)	1		
	2		

* 관련 학습자료(샘플) 포함

■ 학습활동

학년	학기	학습활동명	주요 학습활동내용
1학년 (20)	1		
	2		
2학년 (20)	1		
	2		
3학년 (20)	1		
	2		
4학년 (20)	1		
	2		

* 관련 학습활동자료(샘플) 포함(예: 스터디그룹, 튜터링활동 등)

참고 및 활용자료 2-5. 각종 보고서 및 발표자료 예시

Part 2. 학습활동(3)

■ 보고서

■ 발표자료

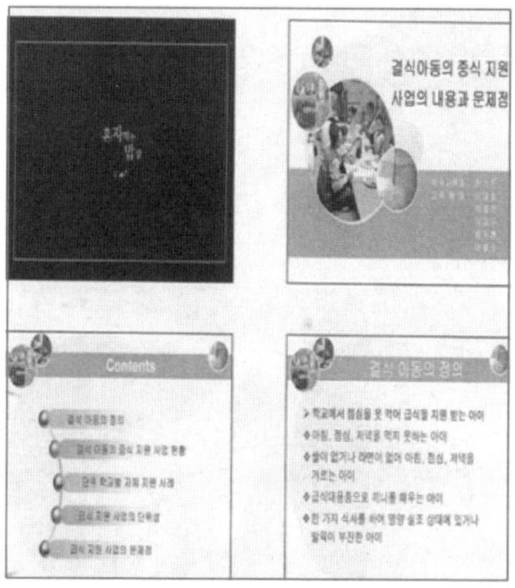

참고 및 활용자료

2-6. 실험/실습활동 기록양식

Part 2. 학습활동(4)

■ 실험/실습활동

학년	학기	교과목/담당교수	실험/실습명	주요 내용
1학년 (20)	1			
	2			
2학년 (20)	1			
	2			
3학년 (20)	1			
	2			
4학년 (20)	1			
	2			

* 관련 증빙자료 포함

참고 및 활용자료 2-7. 팀프로젝트 요약서 예시

Part 2. 학습활동(5)

■ 팀프로젝트 요약서

Project 요약서

Project 명	공압 청소기	담당교수	교수님
시작년도	2006	희망업체	개인 사업자
주제	수압 동력의 소형 청소기를 공압 동력으로 변경 설계		
내용	기존 수압으로 회전 브러쉬를 회전시켜 사용되었던 대리석 청소기는 작업시 물을 사용하기 때문에 일부분만의 청소보다는 전체적인 바닥청소에 사용되어왔다. 이러한 단점을 보완하기 위해 공압을 이용하여 브러쉬를 회전시키는 방법을 이용한다. 공기를 사용하게 됨으로써 발생되는 여러 가지 문제점을 보완하고, 최적의 동력을 이끌어낼 수 있도록 설계 변경했다.   제작한 임펠러 샘플 		
사용 Tool	AUTOCAD(2D) SOLID EDGE(3D)		
특이사항	비록 공학의 문제 접근은 하지 못했지만 모방설계에서 응용설계를 거쳐 성능을 향상시킨 프로젝트였으며, 차후 금형설계 완료 후 제품 출시를 목표로 하고 있다.		

Term Project 요약서

과목명		담당교수	교수님
이수년도	2007(수업진행중)	이수학기	1학기
주제	자동 리본 커팅기		
역할분담(2조)			
성명	학번	담당역할	
		아이디어, 설계, 제작	
		제어, 재료조사	
		가공 및 제작	
과제내용	제네바 기어를 이용하여 실용적인 제품을 디자인하고, 직접 가공함으로써 제네바 기어의 특징과 구조적인 능력을 파악하며 선반 및 밀링 가공을 통하여 제작시 고려해야할 설계 요소를 파악하여 보다 정밀하고 오류를 최소화하는 능력을 기른다. 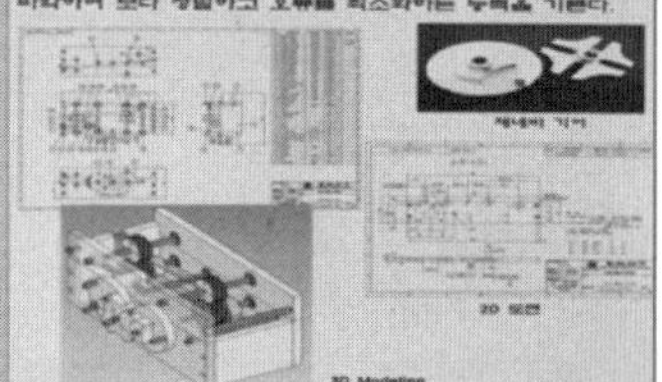 제네바 기어 / 2D 도면 / 3D Modeling		
사용 Tool	AUTOCAD(2D) SOLID EDGE(3D)		
특이사항	현재 계속 진행중인 Term Project로서 KS 규격에 맞춰 설계가 완료되어 가공이 시작되었음		

참고 및 활용자료

3-1. 동아리, 학생회활동 및 봉사활동 기록양식

Part 3. 학습 외 활동(1)

■ 동아리, 학생회활동

구분	활동명	직책	역할	활동내용
1				
2				
3				

■ 봉사활동

구분	활동명	직책	역할	활동내용
1				
2				
3				

* 관련 증빙자료(사진 등) 포함

참고 및 활용자료

3-2. 해외 연수, 국내외 인턴십활동/ 연구 및 개발활동 기록양식

Part 3. 학습 외 활동(2)

■ 해외 연수 / 국내외 인턴십활동

구분	프로그램명	기간	국가/장소	활동 내용
1				
2				
3				

■ 연구 및 개발활동

구분	연구/개발명	본인 역할	제 목	발표매체	발표일
1					
2					
3					

* 관련 증빙자료(이수증, 확인증 등) 포함

참고 및 활용자료

3-3. 공연 및 작품활동 기록양식

Part 3. 학습 외 활동(3)

■ 공연 및 작품활동

제목:			분야:		지도교수:	
팀 구성 및 역할	작품 요약	발표내용	설계 및 해석 Tools	주요 부품 (재료)	접촉한 회사	전시회 출품 및 시상 여부

* 관련 증빙자료(프로그램, 사진, 동영상 등) 포함

참고 및 활용자료

4-1. 전공지식 응용능력과 기본소양 관점에서의 자기성찰 예시

Part 4. 성찰활동(1)

■ 전공지식 응용능력과 기본소양 관점에서의 자기성찰

평가항목	적용 예
1. 전공지식 응용능력 1) 문제파악, 논리전개(공식화) 및 해결능력 2) 수학, 기초과학, 공학이론의 응용능력 3) 분석적, 비판적인 접근능력 4) 실험을 계획하고 수행할 능력 5) 필요조건에 맞추어 요소(부품) 선정 및 시스템 설계능력 6) 필요한 정보수집, 추출 및 종합시키는 능력 7) 현장적응능력	수학, 기초과학 등 중고등학교 시절 공부보다는 실습쪽에서 두각을 나타냈기 때문에 대학입학 후 현재까지도 공학이론 등을 꾸준히 배우고 있습니다. 필요조건에 맞추어 부품 등을 선정할 수 있으며, 시스템을 설계하는 능력은 자신이 있습니다. 여러 가지 경험과 학교생활 내 활동 등으로 현장적응능력이 탁월하며 어느 상황에서나 제 기술을 응용할 수 있습니다.
2. 기본소양 1) 직업윤리 및 책임에 대한 인식 2) 공학적 해결방안이 미치는 영향에 대한 거시적 관점에서의 이해능력 3) 평생교육에 대한 인식 및 참여능력 4) 정치, 경제, 사회, 경영, 환경, 법률 등의 논점이 되고 있는 부분에 대한 기본지식 5) 세계 문화의 이해 및 국제적 협력 활동에 참여할 수 있는 능력	책임에 대한 인식은 좋은 편이며 공학적인 문제는 아직 더 생각해 봐야 한다고 생각합니다. 기본상식과 지식은 아직 부족한 편이며 세계적인 문제 또한 더 익혀야 한다고 생각합니다. 경험이나 사회의 흐름, 한 시대를 유행하는 것들 중에 민감하고 그것에 맞추어 갈 수 있습니다. 그런 것들에 대한 기본지식 역시 주위 어르신의 말씀이나 시사 프로그램에서 많이 접하고 있는 편입니다.

참고 및 활용자료 4-2. 산업 현장과 연계된 전문지식 관점에서의 자기성찰 예시

Part 4. 성찰활동(2)

■ 산업현장과 연계된 전문지식 관점에서의 자기성찰

능력단위	개 요	이수과목	능력수준 (상중하)			
			1학년	2학년	3학년	4학년
modeling 초급	설계사양과 구성요소를 보고 부품들을 단순히 조립할 수 있는 능력	기계실습, 측정 및 조립	중	중	상	상
modeling 중급	설계사양과 구성요소를 보고, 이를 2차원 도면으로 작성할 수 있는 능력	치공구설계, 정밀설계제도	하	중	상	성
modeling 고급	동작 Assembly하여 동적으로 해석 가능한 능력	CAD 1, 2	하	하	중	중
2차원 도면 작성	설계사양과 구성요소를 보고, 이를 2차원 도면으로 작성할 수 있는 능력	기초 CAD	상	상	상	상
해석	설계사양과 구성요소, 그리고 레이아웃을 보고, 이에 필요한 기계적 특성을 해석할 수 있는 능력	기계설계, CAE	중	상	상	상
메커니즘 구성	설계목표에 의거하여, 각 메커니즘의 요소를 선정 및 구성할 수 있는 능력	기계설계, 기계 시스템 디자인	하	중	중	상
레이아웃 설계	설계목표에 의거하여, 각 구성요소를 선정하고 이를 조합하고 배치할 수 있는 능력	창의설계, 정밀설계제도	하	중	중	상
설계 계산	설계대상물의 기능 성능에 의거하여, 요소품 등의 주요 설계 사양을 계산할 수 있는 능력	기계설계, 기계 시스템 디자인	하	하	중	중
CAE/CAD 관련 사용 능력	Auto CAD, Solid Edge, Pro-E, UG 등	기초CAD, CAD1,2, CAE	중	중	상	상
경력 및 특기 사항	졸업작품, 경진대회 내용 정리	졸업작품: 컨테이너 자동하역시스템				

참고 및 활용자료 4-3. 영어활용능력 관점에서의 자기성찰 예시

Part 4. 성찰활동(3)

■ 영어활용능력 관점에서의 자기성찰

	1학년		2학년		3학년		4학년	
	1학기	2학기	1학기	2학기	1학기	2학기	1학기	2학기
reading/ writing	하	하	하	하	중	중	중	
listening	하	하	하	하	중	중	중	
speaking	하	하	하	하	하	하	중	
TOEIC 점수								
기타 점수								
원서 사용 교과목	기초영어 회화 1	기초영어 회화 2	전기전자 회로	영어2			영어3	
현재 추진 중인 영어향상방법	수업	수업	학원, 수업	수업	학원, 수업	학원, 수업 영문기사	토익학원, 영문기사	

* 위 자기 평가결과에 대한 서술식 성찰(반성) 진술 권장

참고 및 활용자료

5-1. 수상경력 및 장학금 수혜실적 기록양식

Part 5. 기타 자료(1)

■ 수상경력

구분	수상명	년월일	수여기간	참여 및 수상내용
1				
2				
3				

■ 장학금 수혜실적

구분	장학명	년월일	장학내역	수여기관	수혜금액
1					
2					
3					

* 관련 증빙자료(상장, 장학증서 등) 포함

참고 및 활용자료

5-2. 인증서 및 자격증 예시

Part 5. 기타 자료(2)

■ 인증서

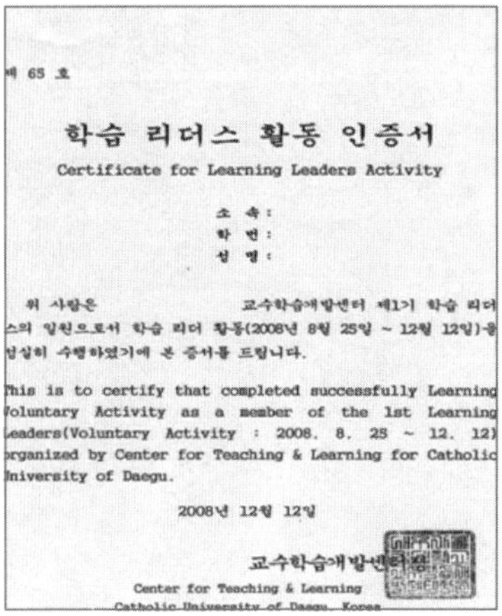

제 65 호

학습 리더스 활동 인증서

Certificate for Learning Leaders Activity

소 속 :
학 번 :
성 명 :

위 사람은 교수학습개발센터 제1기 학습 리더스의 일원으로서 학습 리더 활동(2008년 8월 25일 ~ 12월 12일)을 성실히 수행하였기에 본 증서를 드립니다.

This is to certify that completed successfully Learning Voluntary Activity as a member of the 1st Learning Leaders(Voluntary Activity : 2008. 8. 25 ~ 12. 12) organized by Center for Teaching & Learning for Catholic University of Daegu.

2008년 12월 12일

교수학습개발센터장

Center for Teaching & Learning
Catholic University of Daegu, Korea

■ 자격증

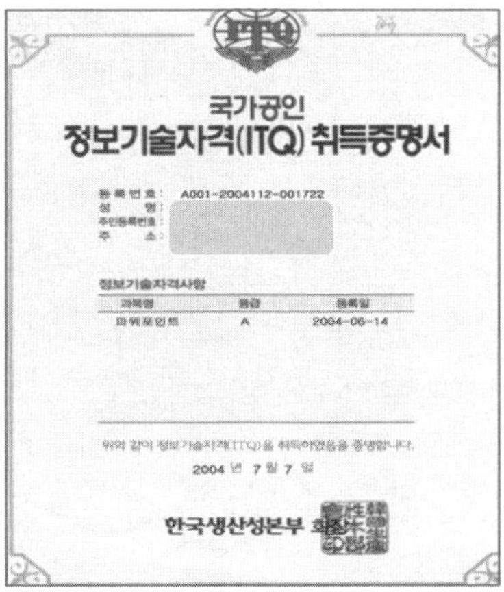

국가공인
정보기술자격(ITQ) 취득증명서

등록번호: A001-2004112-001722
성 명:
주민등록번호:
주 소:

정보기술자격사항

과목명	등급	등록일
파워포인트	A	2004-06-14

위와 같이 정보기술자격(ITQ)을 취득하였음을 증명합니다.

2004 년 7 월 7 일

한국생산성본부 회장

참고문헌

강원대학교 교수학습개발원(2006). 독일의 학습전략검사(Wild & Schiefele, 1994) 번역본.

계명대학교 교수학습지원센터(2010). 대학 학습이력과 경력관리를 위한 Learning Portfolio 개발 및 활용 가이드.

계명대학교 교수학습지원센터(2010). 러닝 포트폴리오 사례집.

김민정(2006). e-포트폴리오의 설계 및 활용에 관한 연구: 설계 기반 연구(Design-Based Research)의 관점으로, 교육공학연구, 22(2), 1-26.

박인우, 권혁일, 엄미리, 임다미, 장문(2008). e-포트폴리오의 교육적 활용방안 연구. 한국교육학술정보원. 연구보고 KR 2008-13호.

배호순(1997). 포트폴리오 평가에 관한 분석적 고찰. 수행평가의 이론과 실제, 한국교육평가위원회 학술세미나 발표논문집.

심명보(2000). 포트폴리오 평가가 학습전략 및 학습동기에 미치는 효과. 안동대학교 대학원 석사학위논문.

이영석, 이정화(2000). 영역별 포트폴리오 평가방법의 적용 원리와 실제. 서울: 교육과학사.

이지은(2008). 학습 이력 및 경력관리를 위한 학습 포트폴리오 활용 노하우. 순천향대학교 학습법 특강 자료.

이현정, 이혜자(2007). 포트폴리오 자료 개발 및 수업효과 분석: 중학교 기술 · 가정과 「반바지 만들기」 단원을 중심으로, 한국가정과교육학회지, 19(1), 15-33.

정명화, 김신곤, 권기, 신경숙(2003). 프로젝트 수업 워크북. 동의공업전문대학.

조용개, 이은화(2012). 대학생의 학습이력과 경력관리를 위한 러닝 포트폴리오 개발 과정 모형안. *Journal of the Korean Data Analysis Society, 14*(5), 2805-2819.

조용개 외(2010). 성공적인 대학생활을 위한 학습전략 포트폴리오. 서울: 학지사.

조용개(2009). 대학수업의 질적 개선 및 평가에 필요한 티칭 포트폴리오 구성요소 탐색. 교육공학연구, 25(1), 1-27.

조한무(1999). 수행평가를 위한 포트폴리오 평가. 서울: 교육과학사.

최미나, 노혜란, 김명숙(2005). 대학교육에서의 e-교수학습 포트폴리오 개념적 프레임워크 개발. 교육정보미디어연구, 11(2).

최유현(2000). 포트폴리오 평가의 개념과 절차; 공학교육 학습평가의 한 가지 대안. 공학교육연구, 3(2), 71-82.

최주영, 최선영, 강호감(2004). 초등 생물교육에서의 창의력 계발을 위한 포트폴리오 체제 개발. 한국생물교육학회지, 32(1), 41-53.

황병철(2007). 자기만의 공부법을 터득하라. 서울: 도원미디어.

Arends, R. I. (1994). *Learning to Teach* (3rd ed.). McGraw-Hall, Inc. New York.

Barrett, H. C. (2000). Create your own electronic portfolio: Using off-the-shelf software to showcase your own or student work. *Learning and Leading with Technology, 27*(7), 14-21.

Birenbaum, M., & Dochy, F. J. R. C. (Eds.). (1996). *Alternatives in assessment of achievements: Learning processes and prior knowledge.* Boston: Kluwer Academic Pub.

Boston, T. (2002). The electronic portfolio boom: What's it all about? Campus Technology. from http://campustechnology.com

Brunner, I. (2007). *Mit dem Portfolio zum Schulprogramm.* Hohengehren: Schneider Verlag.

Di Biase, D., Zembal-Saul, C., Sabre, J., Howard, D., Rademacher, H., Burlingame, P., Melander, G., Schall, J., Spielvogel, E., Mathews, J., & Orndorff, R. (2002). Using e-Portfolios at Penn State to Enhance Student Learning: Status, Prospects and Strategies. E-education Institute, The Pennsylvania State University.

Gibert, J. C. (1993). *Portfolio resource guide: Creating and portfolios in the classroom.* Ottawa, KA: The Writing Conference, Inc.

Gullo, D. F. (1997). *Assessing student learning through the analysis of pupil products.* New York: Teachers College Press.

Haecker, T. (2007). *Portfolio: ein Einwicklungsinstrument fuer selbstbestimmtes Lernen. Eine explorative Studie zur Arbeit mit Portfolio in der Sekundarstufe 1* (2nd ed). Baltmannsweiler: Schneider Verlag.

Hart, D. (1994). *Authentic Assessment: A Handbook for Educations.* Addison-Wesly Publishing company.

Hartnell-Young, E., & Morris, M. (1999). Digital professional portfolios for student teachers. *Kappa Delta Pi Recode, 36*(3), 121-123.

Kilbane, C. R, & Milman, B. (2003). *The digital teaching portfolio handbook.* USA: Pearson Education Inc.

Knight, M. E., & Gallaro, D. (1994). *Portfolio assessment: Applications of portfolio analysis.* NY: University Press of America.

Mcmillan, J. H. (1997). *Classroom assessment : Principles and practice for effective instruction.* Boston, MA: Allyn and Bacon, 1997.

Pelliccione, L., Dixon, K, & Dixon, R. (2004). The Development and Evaluation of a Student Centred Reflective and Professional Electronic Portfolio for Pre-service Teachers. Paper presented at the World Conference on Educational Multimedia, *Hypermedia and Telecommunications 2004,* Chesapeake, VA.

Rogers, G. M., & Williams, J. (2001). Promise and pitfalls of electronic portfolios: Lessons learned from experience. Accreditation Board for Engineering and Technology. from www.abet.org

Schmiedinger, E., Wege, J., & Brunner, I. (2007). *Mit dem Portfolio zum schulprogramm.* Hohengehren: Schneider Verlag.

Seldin, P. (2004). *The teaching portfolio: A practical guide to improved performance and promotion/tenure decisions* (3rd ed.). Bolton, MA: Anker.

Wolf, K., & Dietz, M. (1998). Teaching portfolios: Purposes and possibilities. Teacher *Education Quarterly, 25(1),* 9-22.

Yancey, K. B. (2001). Digitized student portfolios. In B. L. Cambrige (Ed.), *Electronic portfolios: Emerging practices in student, faculty, and institutional learning,* 15-30. Washington, DC: American Association for Higher Education.

Zubizarreta, J. (2004). *The Learning Portfolio, Reflective Practice for Improving Student Learning.* Anker Publishing Company. MA: Bolton.

Zubizarreta, J. (2009). *The Learning Portfolio, Reflective Practice for Improving Student Learning* (2nd ed.). San Francisco, CA: Jossey-Bass.

찾아보기

[인명]

[내용]

• 저자 소개

■ 조용개

경북대학교 대학원 교육학박사(교육공학 전공)
전) University of North Texas 객원연구원
순천향대학교 교수학습개발센터 전임연구원
대구가톨릭대학교, 계명대학교 교수학습개발센터 연구교수
대학교육개발전문가협의회 회장
현) 한국기술교육대학교 대학교육개발센터 대우교수

〈주요 저서 및 논문〉
『교육실습 · 수업시연 · 수업연구를 위한 교실 수업 전략』(공저, 학지사, 2011)
『티칭 포트폴리오의 이해와 실제』(공저, 학지사, 2011)
『대학생활을 위한 학습전략 포트폴리오』(공저, 학지사, 2010)
『성공적인 수업을 위한 교수전략』(공저, 학지사, 2009)
「티칭 포트폴리오 개발을 통한 수업의 효과성 탐색」(교육학연구, 2009)
「교수자의 수업개선을 위한 수업 포트폴리오 개발모형 및 평가준거안」
(한국교원교육연구, 2009) 등

■ 이은화

부산대학교 대학원 교육학박사(교육과정 및 교육방법 전공)
전) 부산대학교 교수학습지원센터 연구교수
현) 대학교육개발전문가협의회 회장
신라대학교 교육대학원 조교수

〈주요 저서 및 논문〉
『국제이해교육의 이론과 실제』(공저, 학지사, 2012)
『티칭 포트폴리오의 이해와 실제』(공저, 학지사, 2011)
『대학생활을 위한 학습전략 포트폴리오』(공저, 학지사, 2010)
『성공적인 수업을 위한 교수전략』(공저, 학지사, 2009)
『질적연구실천방법』(공저, 문음사, 2009)
「중등 예비교사를 위한 국제이해교육 과목의 e-티칭 포트폴리오 개발 및 적용」
(컴퓨터교육연구, 2010) 등

러닝 포트폴리오의 이해와 실제

2013년 2월 15일 1판 1쇄 인쇄
2013년 2월 22일 1판 1쇄 발행

지은이 • 조용개 · 이은화
펴낸이 • 김진환
펴낸곳 • (주) 학지사
121-837 서울특별시 마포구 서교동 352-29 마인드월드빌딩 5층
대표전화 • 02)330-5114 팩스 • 02)324-2345
등록번호 • 제313-2006-000265호

홈페이지 • http://www.hakjisa.co.kr
커뮤니티 • http://cafe.naver.com/hakjisa

ISBN 978-89-6330-810-4 93370

정가 13,000원